AF364234

REVELACIONES DEL POPOL VUH

TESTAMENTO INTELECTUAL
DE LIDIA DEL CARMEN MARIONA
(MI CARMENCITA)

José Napoleón Mariona

Cómo entender el mensaje del Popol Vuh en el tercer milenio

REVELACIONES DEL POPOL VUH

TESTAMENTO INTELECTUAL DE LIDIA DEL CARMEN MARIONA (MI CARMENCITA)

José Napoleón Mariona

bubok EDITORIAL

Índice

Introducción
(por José Napoleón Mariona, hijo de Carmencita)

La vida nos impone caminos insospechados y nos conduce por sendas de las que ignoramos la razón, el porqué, y el para qué de nuestro peregrinaje por este mundo.

Mi Carmencita me fue revelando el mensaje escondido en el texto del Popol Vuh, contándome desde mi primera infancia ese significado profético dirigido a las generaciones del tercer milenio, que yo debería hacer público después de su muerte.

Yo debería hacer públicas estas revelaciones cuando hubiesen pasado más de cincuenta lunas nuevas después de su fallecimiento, lo cual estoy cumpliendo en este acto de disciplina como hijo admirador del intelecto de su madre.

En todo el tiempo de mi destierro voluntario que me ha anclado en Europa y el resto del mundo, siempre pensé que yo no cumpliría aquella encomienda de mi Carmencita por la sencilla razón de que yo estaba seguro de que mi muerte sucedería primero, antes que la de ella.

Ya durante mi primer diagnóstico del cáncer y la subsecuente operación radical, esto se lo mantuve en secreto, y les pedí a mis hijos que guardaran el sigilo y que no se lo dijeran.

Ellos cumplieron con mi solicitud de apoyo en cuanto a guardar el sigilo, y sobreviví al cáncer en aquel año 2010, y con aquella victoria sobre la muerte me gané ciento veinte lunas nuevas según el cálculo de expectativa de vida vigente entonces en Europa.

Entendiendo que este lapso de diez años posteriores a la operación del cáncer no deja de lado la posibilidad de reviviscencia del cáncer, me despedí de mi Carmencita mentalmente y me dispuse a llevar una vida nueva con tal de atrasar el regreso del cáncer.

Evité el estrés, aprendí a tomar agua sin sentir sed y a mantener una dieta sana.

Dentro de los cálculos humanos no cuentan los caprichos del destino.

La mayoría de nuestras expectativas están basadas racionalmente en modelos y formatos extraídos de las estadísticas. Lo malo es que el destino viola estos cálculos humanos.

En todo caso, mi Carmencita no debería haber muerto si hemos de ser obedientes a nuestra lógica humana, pero ella me enseñó a aceptar que «nadie se muere en la víspera».

Habiendo ingresado al hospital sin estar enferma como resultado de un banal accidente casero en el cual se fracturó la cadera, murió de una septicemia bajo los cuidados insuficientes del personal médico.

Su caso es típico dentro de un cuadro médico que nos habla de un sistema de hospitales imprudente y peligroso para los pacientes.

De la sedación de pacientes con dosis inconvenientes se pasó a una ligera neumonía.

De la neumonía se pasó a la alimentación por tubo y de la alimentación por tubo se pasó al colapso de los riñones.

Vemos como de un cuadro derivado de la sedación extrema en combinación con los órganos colapsados

(pulmón y riñón), sobrevinieron la crisis y el colapso que culminaron con su muerte.

Al mismo tiempo, en aquel momento se vivía una de las frecuentes confrontaciones laborales que producen expectativas y nerviosismo en medio de preparativos para una posible huelga hospitalaria.

Jamás mi Carmencita aceptaría ni siquiera una insinuación de duda respecto a la capacidad de cuidados ciudadanos encomendados al Estado.

Su lealtad frente al Estado fue una de las grandes cualidades que se derivan de su biografía, y que podemos entender mejor si tomamos en cuenta que ella quedó huérfana a sus nueve años de edad, en 1932, como resultado de la matanza y la subsecuente persecución de los principales indígenas, como lo era mi abuela Ángela, mamá de mi Carmencita.

Este factor de ser principal de los nonualcos mantuvo ligada a mi abuela Ángela a los chamanes de esa etnia. Fue en esos primeros años que mi Carmencita fue atendida en la escuela de chamanes en el volcán de Chinchontepec, lo cual continuó, aunque huérfana, ya en su calidad de principal, en virtud de lo matrilineal de la sucesión en este sistema de matriarcado, el cual dispone que la primogénita de la principal prosiga con la obligación.

Tengo la seguridad espiritual de que todo aquello que ustedes van a conocer en este testamento intelectual de mi Carmencita les ha de servir para crear la plataforma para una marcha de las generaciones reveladas en ruta hacia completar su destino con la historia.

Reciban mi saludo fraternal desde Hamburgo, en donde redacté este documento, el cual terminé de escribir primeramente a mano, y después maquinalmente por recomendación expresa de mi Carmencita, con la intención de que al proceder yo a redactar el manuscrito, mi cerebro trabajaría rebuscando en las memorias secundarias algunos conocimientos que a lo mejor me los trasladó ella misma cuando yo estaba demasiado pequeño; lo mismo, la rebúsqueda de emociones infantiles y juveniles, de las cuales debo mencionarles la de mayor trascendencia para la formación de mi carácter:

Se trata de la ceremonia de iniciación dentro de los nonualcos, para la cual visité aquella misma escuela de chamanes en el volcán de Chincontepec, durante dos años, casi todos los fines de semana junto a otros niños nonualcos.

Esta ceremonia consiste en un baño ritual en donde la madre ve desnudo a su hijo por última vez: lo baña en agua reposada toda la noche la cual contiene agujas de pino y hojas de romero. A la mano debe tenerse unos cuatro kilogramos de ceniza de palo de jiote y luego de bañar al menor con esa agua, mientras tiene el cuerpo humedecido aún, se procede a untarlo todo con aquella ceniza ceremonial.

Esto debe hacerse bajo el sol a fin de que se seque el cuerpo ya con la ceniza y quede totalmente blanco.

Luego, durante la noche, los niños, siempre desnudos, han de pasar por el jardín tratando de que no los descubran los adultos, quienes de cuando en cuando encienden antorchas o lanzan haces de luz.

Al amanecer se da cuenta de que han aprobado la prueba al no dejarse ver, y con esto se los manda a bañarse por su propia cuenta y luego se desayuna con toda la familia, y de esta forma se cierra la ceremonia de aceptación.

Don Chente, el chamán, ya casi ciego de anciano, me dijo a la víspera de la ceremonia que yo no podría participar a pesar de los dos años de preparación. Me aclaró que mi piel era blanca y no de color de caramelo como la del resto de los niños nonualcos, y que yo no era «como los demás niños por eso».

Yo le dije de este rechazo a mi Carmencita, quien intercedió ante el chamán, el cual aceptó únicamente porque mi Carmencita era la principal en aquel momento, no sin dejar de pegar un lamento y chillido tan adolorido como anciano, y por un instante dudé de la justicia de parte de mi Carmencita.

De esta rebúsqueda mnemotécnica he sacado las revelaciones que a lo largo de estas experiencias se me acumularon hasta estos días, cuando he tenido que retrotraerlas a la memoria actual con tal de cumplirle a mi Carmencita ante ustedes.

Como verán a lo largo de este documento, que he redactado de memoria —y por eso me he tardado más de tres años para terminar el manuscrito—, personalmente no estoy animado a recibir ninguna forma de alabanza ni de privilegios, ya sea por malas interpretaciones según las que se crea que se trata de una doctrina nueva, o ya sea pensando en una articulación de política restaurativa, reivindicativa o instaurativa de lo maya.

Ninguna de estas relaciones me mueven y solamente estoy cumpliendo con lo indicado imperativamente por mi Carmencita, quien es la única persona a quien debo explicaciones.

Claro que mientras me quede salud, aliento y vida, ustedes me pueden consultar para aclarar o ampliar algunos aspectos que quedan dichos por mí, ya que aparte de mi persona —y faltando la autora verdadera, que es mi Carmencita— no hay ninguna otra persona a quien consultarle. Así es que deben tomar en cuenta que la ventana de tiempo útil es más bien pequeña debido a mi avanzada edad.

Mi Carmencita recibió una parte de estos conocimientos directamente de los chamanes con quienes colaboró en su rol como principal, y la otra parte durante sus estados de éxtasis logrados por sesiones de meditación y oración que a veces eran de más de treinta y seis horas seguidas. Una menor parte las recibió en sueños reveladores, por contacto de sus antepasados.

Y esto que les voy a redactar de aquí en adelante es el resultado de mi cumplimiento. Tendré éxito y me alegraré si consigo que ustedes acepten que el Popol Vuh es un relato mito-mágico, no un libro religioso como los Vedas de la India, o la Biblia, o el Corán.

Podré terminar mi vida con tranquilidad de espíritu si logro que ustedes se pongan en marcha como la generación revelada y encuentren los signos de la identidad gregaria que una los pensamientos y acciones en una misma dirección = el mantenimiento del relato histórico contenido en el POPOL VUH, ahora con un mensaje claro y directo para el tercer milenio.

Cómo entender el POPOL VUH en el tercer milenio es el objetivo imperativo para mí como transportador de estas revelaciones de mi Carmencita, y quiera la Providencia ayudarme a vivirlo.

En las siguientes páginas se presentan textos tomados del *Popol Vuh*[1] seguidos por las **revelaciones** que ha hecho mi Carmencita, de manera gratuita y amorosa, para la interpretación del libro de los mayas en el tercer milenio, como un regalo para la marcha de las generaciones.

---

1. Versión del Ministerio de Educación de El Salvador, Dirección de Publicaciones. Tercera edición, 1977, basado en la edición original de la Biblioteca Nacional de El Salvador, 1926.

PRIMERA PARTE
DEL POPOL VUH

CAPÍTULO 1

Este es el principio de las antiguas historias aquí en el Quiché.

Aquí escribiremos de las antiguas historias, su principio y comienzo de todo lo que fue hecho en el pueblo del Quiché, su pueblo de los indios Quichées; y de aquí tomaremos su ser declarado y manifestado, y su ser relatado, la escondedura y aclaradura por el formador y criador, madres y padre, que así se llaman:

HUN-AHPU-UHU,

ZAQUIMIMATZYZ,

TEPEN,

CUTUMATZ,

VGUXCHO,

UGUXPALO,

(nombres o atributos que significan:

UN TIRADOR TACUASÍN,

UN TIRADOR COYOTE,

BLANCO PIZOTE,

SEÑOR,

FUERTE CULEBRA,

CORAZÓN DE LA LAGUNA,

CORAZÓN DEL MAR,

EL DE VERDE CAJETE,

EL DE LA VERDE JÍCARA)

son llamados.

Y juntamente es dicho y hablado de aquella abuela o abuelo que se llamaban XPIYACOC, y XMUCANE, nombres propios amparadores y cubridores, dos veces abuela y dos veces abuelo son dichos en las historias quichées, que comunicaron todo con lo que hicieron después en el estado de la claridad y en la palabra de claridad.

PRIMERA REVELACIÓN

El pueblo quiché está encomendado a conservar la **cuenta del tiempo** que comienza en la niebla histórica antediluviana.

Los demás pueblos de Mesoamérica son parte de esta cuenta del tiempo, aunque no todos recibieron esta encomienda directa.

El pueblo quiché únicamente es el guardián de la leyenda que cuenta esa prehistoria antediluviana y que va agregando capas secuenciales de la historia del pueblo indígena.

Como guardián de la leyenda que arranca desde antes del momento cero de la historia, cuando todavía las potencias espirituales no habían descubierto la **palabra**, veremos aparecer un universo a partir del diálogo entre estas potencias espirituales.

La palabra será el arranque del diálogo y del diálogo aparecerá la **Creación**.

Las figuras de la abuela y del abuelo son una metáfora que señala ese episodio antediluviano.

La adición de capas históricas quedan «dichas en las historias (relatos) quichés que comunicaron todo, con lo que hicieron después en el estado de claridad y en la palabra de claridad», indica el paso de la memoria antediluviana

(tiempo de la oscuridad) hacia la presencia en el territorio americano (estado y palabra de claridad).

Más adelante veremos como un grupo de **revelados** (chamanes de chamanes) quedaron instalados en la actual Mesoamérica, siendo ellos los poseedores de las historias (relatos) vinculadas con el episodio antediluviano.

Esta característica funcional quedó encerrada (como una burbuja étnica) en ese grupo indígena.

De alguna manera se concluyó y se entendió que aquella «burbuja étnica» mantenía la tradición oral de la historia antediluviana y el paso al **estado de claridad.**

Llenos de este fervor, los viajeros procedentes de las dos masas continentales de las Américas intentaban acceder a las tradiciones de aquellos pobladores del actual territorio de Mesoamérica por medio de las relaciones sexuales, con la fe puesta en llevarse en el seno de las mujeres ese numen de conocimientos esotéricos.

Esto produjo una forma *inconvencional* de relaciones sexuales toleradas y hasta promovidas por aquella creencia de exportación del conocimiento prehistórico y transmitido a los hijos por medio de esas prácticas.

Los niños importados y los niños locales eran traídos a las **escuelas de chamanes**, en donde permanecían aprendiendo desde los cinco hasta los once años de edad (como aspirantes); y desde los doce años en adelante, si querían, se quedaban con este chamán (según si deseaban completar su educación como chamanes, cosa que duraba toda la vida desde entonces).

CAPÍTULO 2

Esto escribiremos ya en la Ley de Dios en la Cristiandad, los sacaremos, porque no hay Libro Común, original donde verlo.

De la otra parte del mar es venido donde se ha visto, que es dicho su ser enseñado nuestra oscuridad con la mirada de la clara vida antiguamente había Libro Original que se escribió antiguamente; sino que está escondido al que lo mira, y al que lo piensa: grande es su venida, y su ser enseñado que se acabó de formar todo el cielo y la tierra, su ser cuadrado, su ser repartido en cuatro partes, su ser señalado, su ser amojonado con estacas, su ser medido de mecates de cuerdas, y su ser estirada la cuerda en el cielo y en la tierra que es dicho de cuatro esquinas, y cuatro lados por el formador y criador, su madre y su padre la vida, y de la creación que da la respiración y resuello paridor y cuidador de la paz, claridad de los hijos, pensador y entendedor de toda hermosura que hay en el cielo, tierra, lagunas y mar.

SEGUNDA REVELACIÓN

Lo que llamaremos **generación mesoamericana del tercer milenio** debe entenderse muy aparte de las tradicionales formas genéticas, ya sean de sangre o de suelo.

Se aplica a los herederos de los pueblos antenevados (de antes de la gran helada universal), llegados del Himalaya, y anuncia la Nueva Edad dirigida por los herederos espirituales de aquellos antechamanes.

Aquí se está explicando que todo ser tiene «una animación» o «humor», mejor conocido como «halo» y también como «aura».

Durante su vida, esa «animación» = «tunal» se queda en el ambiente.

Donde estemos en este momento puede haber pasado, por el mismo espacio, un mastodonte, o un tigre, o una águila, o un zopilote.

El chamán aprende a visualizar espiritualmente estas «animaciones» = «tunales» que se han quedado en el plano espiritual, paralelo a nuestra vida orgánica.

Y mi Carmencita nos lo explica así:

El ser humano común —como usted y yo—, si no es que padece de daltonismo, puede captar estos colores del arcoíris de manera natural.

Arriba del color violeta —sin embargo— hay tonalidades ultravioletas, y abajo del color rojo hay tonalidades infrarrojas en la escala cromática.

Algunos animales pueden captar el color ultravioleta y otros pueden captar los infrarrojos.

Esto no es posible para el ojo humano común, aunque el chamán, una vez en **estado de trance** o de éxtasis, ha de aprender a captar esas tonalidades que dejan percibir la huella de «las animaciones tunales».

En **materia de salud** —tanto física como mental—, el cuerpo del paciente desprende tonalidades infrarrojas y ultravioletas que el chamán puede vislumbrar durante su estado de trance o de éxtasis, y ha de servirle para formular los diagnósticos.

La burbuja étnica que se quedó en el actual territorio mesoamericano (los primeros **chamanes originales**), optó por memorizar los textos traídos desde el Himalaya, y una reducción de su esencia literaria es lo que consta en este rescate que conocemos como *Popol Vuh*.

La percepción esotérica del mundo quedó explicada como un **territorio plano de cuatro lados** para exponer, de modo tan sencillo como fuera posible, los **cuatro límites del plano existencial** comunes del ser humano, a manera de metáfora de los confines del poder espiritual de todo chamán, como queriendo decir que hay **potestades divinas** mucho más allá de esos cuatro lados, las cuales pueden ser contactadas por el chamán en estado de trance o de éxtasis, para servir de médium espiritual al ser humano común —como usted y yo—.

Termina esta segunda revelación reiterando que son el aire, el oxígeno, la respiración, los sinónimos de la vida que ha sido introducida por su formador y criador y su madre y su padre por **virtud** de la palabra.

Este mismo aire, oxígeno o respiración es, además de **iniciador** de la vida en el planeta (paridor de la vida), el **guardián de la paz** de todos los seres que respiran (estado de sosiego) y que hablan.

Este mismo aire, oxígeno o respiración también es equivalente a la transparencia de la relación de los hijos para con sus mayores, extendiendo la imagen de paternidad/maternidad a todos los **mayores** (reverencia a los ancianos que respiran o hablan con dificultad).

La respiración y la palabra son responsables de la captación estética de las manifestaciones de toda la naturaleza. (Quedarse pasmado de emoción ante la belleza de un amanecer o atardecer tropical —por ejemplo— y exclamar un «ah» o un «oh» para expresarlo).

CAPÍTULO 3

Este es su ser dicho cuando estaba suspenso en calma, en silencio, sin moverse, sin cosa sino vacío el cielo.

Y estaba en la primera palabra y elocuencia; aún no había hombres, animales, pájaros, pescado, cangrejo, palo, piedra, hoyo, barranca, paja ni monte, sino solo estaba el cielo; no se manifestaba la faz de la tierra; sino que solo estaba el mar represado, y todo lo del cielo; aún no había cosa alguna junta, ni sonaba nada, ni cosa alguna se meneaba, ni cosa que hiciera Mal, ni cosa que hiciera «lotz» (esto es ruido en el cielo) y no había cosa que estuviese parada en pie;

solo el agua represada, solo la mar sosegada, solo ella represada, ni cosa alguna que estuviese; solo estaba en silencio y sosiego en la oscuridad y la noche; solo estaba el criador y formador, Señor, Culebra Fuerte;

las madres y padres estaban en el agua, en una claridad abierta, y estaban cubiertos de plumas verdes,

por eso se llama CUCUMATZ, Grandes Sabios, y de grandes entendimientos su ser, y así por eso está el cielo, y hay también su CORAZÓN DEL CIELO, y este es su Nombre que se le dice a aquel Ídolo.

TERCERA REVELACIÓN

Fue conocido por las tribus y etnias que poblaron las dos masas continentales de las Américas, que en el actual territorio de Mesoamérica se quedaron a vivir los **sabios** que habían pasado por el estrecho de Bering.

La razón de haberse detenido aquí no se conoce, pero debido a que eran los poseedores **mnemotécnicos de la historia** de los orígenes de estas diversas tribus y etnias, se convirtieron en una razón de **peregrinación** con la intención de conocer sus orígenes y de poderlos transmitir a las siguientes generaciones en aquellas tribus y etnias dispersas en ambas masas continentales.

Una peregrinación originalmente alabadora se transformó en una **expedición comercial**, pero conservando la **misión de rescate de la memoria común.**

Arqueológicamente hablando, esto explica la presencia de restos de productos que no pertenecen a Mesoamérica y que en verdad se deben adjudicar a las culturas del norte y del sur de esta región.

Los **protochamanes** tuvieron necesidad de configurarse un **texto básico** que pudieran transmitir oralmente a estos peregrinos.

El texto original del *Popol Vuh* es lo que se ha rescatado de aquella **tradición oral original.**

Las explicaciones de mi Carmencita sobre esta tercera revelación:

La **vocación de la nueva generación** a la cual le están cayendo estas **revelaciones** gratuitas, parte o arranca desde este momento, es decir: desde estas **revelaciones en el tercer milenio.**

Quienes lleguen a conocerlas han de decidirse a colocarse a la **vanguardia de la marcha de las generaciones** de esta Nueva Edad que comenzamos desde este siglo 21.

La Nueva Edad tiene como **objetivo:**

La **perfección de la humanidad** por medio de la recuperación de la competencia espiritual para conectarse con las **divinidades** (HURACÁN + TEPEU + CUCUMATZ).

Ellos serán los herederos de aquellos **protochamanes** y tendrán la función de **postchamanes.**

Aquí, en el relato de la tercera revelación, el protochamán se refiere a **la sopa química preexistente a la formación de los continentes antes del momento cero de la Creación.**

Habla de una **voluntad creativa originaria** que ha planificado estas fases evolutivas bajo un **plan maestro de la Creación.**

Nos revela un planeta que estaba a punto de evolucionar entonces, en aquel momento, para que surgiera la vida.

Solo hay, en esta escena de antes del **momento cero de la Creación,** dos elementos al principio:

a) El LOTZ (ruido en el cielo), y

b) Un **planeta** completamente acuático.

Sus descendientes hablarán «de los abuelos y de las abuelas».

En su lenguaje simbólico, la tercera revelación nos dice que CUCUMATZ es como una idea de **protoseres** llenos de sabiduría (conocimiento universal y dado por el **creador y formador**); como la figura de la **eternidad** simbolizada en varias culturas en todo el mundo como una serpiente que se está tragando a sí misma.

El significado transferible a nuestra percepción contemporánea es el de que en cada ser humano actual persiste una porción de aquellos **protopadres universales**, y aquellos **antehombres** igualmente eran una parte del **criador y formador**.

CORAZÓN DEL CIELO significa ese CUCUMATZ **anteoriginario**.

CAPÍTULO 4

Y entonces vino aquí su palabra, vino con los Señores TEPEU y CUCUMATZ, aquí en la oscuridad y en la noche y habló con TEPEU y CUCUMATZ y dijeron que consultaron, y que pensaron, se juntaron, hicieron consejo, que se declararon, y pensaron unos a otros y entonces aparecieron las criaturas que consultaron la hechura y creación de los palos, mecates, y la hechura de la vida y de la ceración en la oscuridad y tinieblas, por EL CORAZÓN DEL CIELO, que se llamaba HURACÁN (esto es de un pie, Nombre propio) el primero se llama CA-CUL-HAHU-RACAN (Nombre propio que dice: RAYO DE UNA PIERNA),

el segundo: CHIPA-CA-CUL-HA (Nombre propio que significa EL MAR PEQUEÑO DE LOS RAYOS),

y el tercero RA-XA-CA-CUL-HA (Nombre propio que dice: VERDE RAYO)

con que son tres aquel su CORAZON DEL CIELO que vinieron con TEPEU, CUCUMATZ.

CUARTA REVELACIÓN

TEPEU y CUCUMATZ significan, en este lenguaje mito-mágico, la herencia de recuerdos que han subsistido en la memoria de los **antechamanes** que se quedaron segregados en lo que hoy se conoce como Mesoamérica.

Una especie de **tribu o clan de conocedores, o sabios, o entendidos.**

HURACÁN significa algo así como EL DIOS PADRE y por tanto su coloquio ha de ser con otros **dioses** menores a él:

CA-CUL-HAHU-RACAN (Rayo de una Piedra),

CHIPA-CA-CUL-HA (El Mar Pequeño de los Rayos),

RAXA-CA-CUL-HA (Verde Rayo),

CA-CUL-HAHU-RACAN (Rayo de una Pierna), que significa: «una entidad con poder» (el rayo aquí significa EL PODER; aunque es un dios que no puede moverse con agilidad pues es cojo de nacimiento).

Rayo de una Piedra quiere decir «ejecutor del mandato emanado por el dios padre» (HURACÁN).

RAXA-CA-CUL-HA (Verde Rayo) significa «un poder vegetal en ciernes o en formación».

Esta parte se refiere históricamente a esa era primigenia en la que el planeta estaba sumergido completamente en la **sopa química**.

La **doble metáfora** aquí es la siguiente:

Estas divinidades son seres esotéricos que siguen viviendo en la **dimensión espiritual** atravesando los tiempos sin cambiar de substancia.

La sopa química de la era anterior a la separación de las aguas y significa, para este tercer milenio y este siglo 21, la antesala histórica de una Nueva Era del planeta encomendada a la **generación revelada.**

Es la consumación de la **perfección de la humanidad.**

Los **herederos espirituales** serán **los adelantados**.

Este es el mensaje de encomienda para nosotros:

La generación revelada desde el siglo 21 en adelante es un **arco histórico** que comienza antes del momento cero de la **Creación** y termina en el siglo 21 con estas **revelaciones.**

Traducido a **tiempo presente:**

En las **escuelas de chamanes** del siglo I, las tribus y etnias en ambas masas continentales debían ir a visitar a estos descendientes directos de los **grandes sabios** (los antechamanes originarios) para aprender de memoria el POPOL VUH explicado, y de esta forma asegurar la **continuidad del saber de los chamanes.**

Las expediciones comerciales tuvieron que pasar entonces por lo que ahora es Mesoamérica y para asegurar este **saber chamanista** se juntaron sexualmente con los hombres y mujeres de aquella etnia cúltica y guardiana del **saber de los pueblos.**

Algunos creían que llevándose una mujer preñada por ellos les aseguraba la transmisión de estos conocimientos «por herencia».

Otros confiaban en preñar a una doncella sin llevársela y entonces, al nacer el niño, quedaría amarrado el vínculo sagrado con su **padre,** miembro de una tribu ajena y lejana.

En las caravanas venían doncellas para que los jóvenes de esta tribu de descendientes de los antechamanes las preñaran.

La idea era la misma: crear una vinculación mágica —a distancia— pensando que este **saber** es cósmico y que puede conectarse mental o espiritualmente entre hijos y padres/madres.

Por estas condiciones de ser **leyendas indígenas** es que las caravanas de sur a norte y viceversa optaban por pasar por Mesoamérica, donde se habían quedado como burbuja étnica aquellos herederos de los antechamanes. Pasaban a visitarlos tanto a la ida como a su regreso en camino a sus tribus lejanas.

CAPÍTULO 5

Entonces se consultó la vida y la creación, pues como se sembrará, y aclarará, quien será hecho alimentador y sustentador, dad vuestro voto: esta agua salga, desembarácese para que se produzca la tierra, y sea su juntura, y así se siembre y aclare el cielo y la tierra, y así no le será embarazo a las criaturas, y nuestras hechuras, y que fueren criados los hombres criaturas y formaduras, y dijeron que se formó la tierra por ellos; de solo decirlo se hizo la tierra, y estuvo su ser formado.

¡Tierra! Dijeron, y luego al instante fue hecha, así como la neblina y como nube, su ser formado en retazos que se puso cangrejo sobre el agua; el cerro fue hecho solo por milagro y maravilla fue hecho, y en un instante juntamente se formó su producir cipreses y pinabetes en su faz, y así se alegró CUCUMATZ.

QUINTA REVELACIÓN

En esta parte del POPOL VUH encontramos una metáfora que muestra al Consejo de los Seres Espirituales Eternos discutiendo y tomando decisiones de consenso planetario.

La primera consulta se relaciona con facilitar la vida y dejar que suceda la Creación.

El relato deja sentado (tácitamente) que no se votó a favor.

La segunda consulta es acerca de la asignación divina (**fatalismo o predestinación**) en cuanto al rol de cada uno de los seres humanos que sería creado: ¿serían los alimentados o los sustentados?

Serán alimentados aquellos que produzcan bienes para su tribu (colectores, vegeto-cultores, agricultores, cazadores, conquistadores).

Serán sustentados aquellos que administren los bienes de la tribu (**principales, ancianos, chamanes**).

Estas son las decisiones de consenso del Consejo de los Seres Espirituales Eternos adoptadas en aquellas dos consultas:

- Separación de las aguas para que surja la tierra firme.
- Uso de la tierra para servicio de la humanidad.

- Condición de esfuerzo de la humanidad para conseguir que la naturaleza no prevalezca sobre el ser humano (sojuzgamiento humano sobre la naturaleza).

- Dictamen que prohíbe a la naturaleza oponerse a la voluntad de los **seres espirituales eternos.**

- «Los hombres criaturas y formaduras» aquí adquieren un significado premonitorio encaminado a recalcar que los seres humanos han sido manufacturados por la voluntad de los **seres espirituales eternos.**

- Se declara la discusión de permitir que la sopa química original evolucione y surja la vida en el planeta.

Por ser una decisión adoptada desde ese plano espiritual es que el planeta queda bajo la influencia paralela de **la vida espiritual junto a la vida material.**

Las generaciones a partir del siglo 21, por virtud de este conocimiento revelado, serán capaces de tomar el relevo de los antechamanes y de colocarse a la vanguardia de la marcha de las generaciones que van a perfeccionar la vida humana desde el siglo 21 en adelante volviendo a ser competentes para comunicarse con el plano espiritual.

Al proferir de manera prescriptiva diciendo «¡Tierra!», eso significó que la potencia de la palabra (revelada) supera a todas las demás potencias, siendo la capacidad de hablar una metáfora de la capacidad intelectual que sirve de bisagra entre el plano material y el plano espiritual, y en su articulación permite al ser humano del siglo 21 que recibe y acepta esta palabra revelada, ponerse en comunicación con el mundo espiritual universal.

El relato aquí culmina nuevamente con una explicación de ciencias naturales al explicarnos que la sopa química, en el momento de la separación de las aguas, creó una atmósfera, probablemente a base de gas metano, la cual impedía que entraran los rayos del sol hasta la superficie del planeta.

Momento cero de la Creación

Esta atmósfera primigenia mantuvo una neblina perenne hasta culminar su evolución marcada con un primer diluvio universal, al cual le seguirían otros más adelante.

La figura del cangrejo simboliza la conformación de islas con material firme, que serán luego los continentes.

La evolución del manto vegetal en aquellos cerros originales culminó con el aparecimiento de las primeras plantas que desarrollaron cuerpos leñosos: cipreses y pinabetos.

Este relato abarca los primeros millones de años del planeta, hasta que la naturaleza ya se acerca a unas condiciones propicias para que surjan los animales.

El mensaje de mi Carmencita

Si las generaciones desde el siglo 21 aceptan su rol como **herederos de los seres espirituales eternos** y logran aprender a contactarse con ese mundo espiritual, de facto estarán aceptando la obligación de perfeccionar el planeta, devolviéndole su equilibrio ecológico y teniendo éxito en distribuir los recursos del planeta para el bienestar de **todos** los seres humanos.

CAPÍTULO 6

Está bien tu venida CORAZÓN DEL CIELO, tu HURACÁN y tu CHIPACACULHA y RAXACACULHA, se perfeccionará nuestra obra y criaturas, dijeron.

Primeramente se crió la tierra, los montes y llanos, se dividieron los caminos del agua, y anduvieron muchos arroyos entre los cerros, y en señaladas partes se paró y detuvo el agua, y entonces se mostraron los grandes cerros, y así su ser formaba la tierra, que se crió por aquellos que se llaman EL CORAZÓN DEL CIELO y EL CORAZÓN DE LA TIERRA, y esto es lo primero que discurrieron, estando aquello que discurrieron, que pensaron, su ser perfeccionado y su ser hecho por ellos.

SEXTA REVELACIÓN

Mi Carmencita nos explica esta parte del POPOL VUH de la manera siguiente:

La esencia o el ser del **corazón de la tierra** es otra forma lírica de referirse a la entidad de los seres espirituales, quienes manteniendo su esencia espiritual a la vez se manifiestan en el plano material, convirtiéndose y transformándose en **el cielo y la tierra dentro del agua.**

Queda señalado el motivo de la evolución de la sopa química para que surja la tierra, para que sea posible la vida en este planeta de todos nosotros.

El agua es entonces la clave de esta posibilidad, en una ecuación del **círculo virtuoso** basado en **mejor calidad del agua = mejor calidad de vida en el planeta.**

El sentido de esta sexta revelación es explicarnos:

- Que es lo mismo el plano material que el plano espiritual, pues ambos discurren en la historia de forma paralela.

- Ambos son parte de la **realidad integral.**

- Cada cosa tiene su huella espiritual, y cada organismo viviente, igualmente.

Esa huella espiritual «flota» a través del tiempo y el chamán tiene la posibilidad de ponerse en trance o en éxtasis y de esta forma conectarse con esta huella espiritual.

Esta es la forma de «ver» las desvinculaciones de una persona con respecto de su íntimo plano espiritual.

Estas rupturas entre la morfología material y el ser espiritual, quienes no somos chamanes, las percibimos como «enfermedades».

El chamán, una vez en trance o en éxtasis, logra «ver» la ruptura y la repara con la ayuda «de las huellas espirituales» que han dejado las cosas y los organismos desde la Creación hasta ahora.

El mensaje de esta sexta revelación que nos regala mi Carmencita, es una metáfora dirigida a las generaciones desde el siglo 21:

Toda persona que reciba esta sexta revelación quedará en capacidad de desarrollar sus competencias espirituales hasta alcanzar un rango de postchamán.

Sin tener que ponerse en trance por efecto alucinante al fumar substancias que usan los chamanes, o en éxtasis por medio de la meditación u oración profunda, estos nuevos postchamanes del siglo 21 en adelante podrán realizar ejercicios de reflexión que de forma racional los ponga en «conocimiento de la huella espiritual propia» a modo de una bisagra de contacto con ese otro plano espiritual.

El objetivo único de esta nueva condición humana es **perfeccionar la Creación iniciada por el corazón del cielo.**

CAPÍTULO 7

Y después discurrieron los animales del monte, guardianos suyos de los montes todos, sus criaturas del monte: el venado, el pájaro, el león, el tigre, la culebra, la vívora, el cantil, guardas de los mecates, y dijo el criador, ¿si solo ha de estar en silencio, o han de estar en suspensión debajo de los palos y mecates? Y solo ha de estar bueno, el que haya quien los guarde; dijeron que lo consultaron y parlaron, y luego fueron producidos venados y pájaros, y entonces les repartieron sus casas a los venados, y a los pájaros; tú, venado, en los caminos del agua, y en las barrancas dormiréis, aquí estarás en la paja y en las yerbas, y en cuatro pies te pararás; les fue dicho que se les afirme su morada, a los grandes y pequeños pájaros.

Y vosotros pájaros, sobre los palos y mecates haréis casas y habitación, y allí multiplicaréis, os sacudiréis sobre las ramas de los palos y mecates, les fue dicho a los venados y pájaros qie hicieron sus obras.

Todos tomaron sus dormitorios y sus habitaciones; y así se les dio la tierra por casa, por el criador, y ya estando acabados todos los venados y pájaros.

Entonces se les dijo otra vez por el criador y formador a los venados y a las aves:

hablad, gritad, no hagáis «yol, yol»: no gritéis, hablad cada uno en su especie en cada diferencia.

Se les fue dicho a los venados y pájaros, a los leones, tigres y culebras: decid nuestro nombre, alabadnos, decid que somos vuestras madres y vuestros padres, HURACÁN, CHIPACACULHA, RAXACACULHA, UGUXCAH, UGUXLEU, FORMADORES, CRIADORES, MADRES Y PADRES; hablad, invocadnos, saludadnos, se les fue dicho.

Y no pudieron hablar como los hombres, sino que chillaron, cacarearon y gritaron, diciendo «voh, voh»; no pareció su habla, sino que cada uno gritó y chilló diferentemente; y cuando los formadores oyeron que no hablaron, dijeron otra vez entre si: no se pudo acabar que dijesen nuestro nombre porque somos sus formadores, no está bien, dijeron entre si aquellos formadores, y se les fue dicho, seréis trocados porque no pudisteis hablar, y así mudamos nuestra palabra: vuestra comida, pasto y vuestro dormitorio y habitación serán las barrancas y montes, porque no acabasteis de saludarnos, no nos invoquéis.

Todavía hay quien nos, invoque, haremos otra vez quien nos obedezca, tomad este oficio; vuestra carne será mascada, y de eso serviréis; se les fue dicho, que se les notificó a todos los animales chicos y grandes que hay sobre la tierra.

Y entonces quisieron probar su día y quisieron reprobar otra vez, y quisieron juntar otra vez su salutación, y ya no se entendieron su habla entre si mismos, de ninguna suerte sea justo, ni se pudo hacer, y así fueron ultrajadas y desechadas sus carnes, tributaron, fueron comidos y muertos todos los animales que hay aquí sobre la tierra.

Y así probaron otra vez otras criaturas por el criador, y pruébese otra vez, ya se acercó la sembradura y amanecimiento, hagamos sustentador nuestro y mantenedor nuestro, como seremos invocados y que se acuerden de nosotros sobre la tierra; ya probamos nuestras primeras hechuras y formaduras, y no se pudo componer que nos alabasen, y nos aclararan, y así probemos su ser hecho u obedecer sustentado nuestro, dijeron que fue formado y hecho la tierra.

SÉPTIMA REVELACIÓN

La explicación revelada por mi Carmencita relacionada con este texto del POPOL VUH comienza por definir la base de la creencia indígena protomaya de que en cada animal se encuentra algo de los **dioses criadores y formadores** llamados **el corazón del cielo y de la tierra.** Esto explica el enorme respeto del cazador frente a los animales y del agricultor frente a la tierra que va a cultivar. Es la referencia evolucionaria contenida en el relato del POPOL VUH.

El orden cósmico fue retratado, en esta evolución, a partir de la sopa química que se transformó durante millones de años (un parpadear en tiempo cósmico), separando las aguas y dejando que se asentaran los continentes de tierra firme.

Después de una vida protozoaria que hubo de comenzar en las aguas, se van decantando los vegetales y los animales.

Los años de evolución quedan en este texto bien indicados —aunque no explicados— con la intención de que estas explicaciones reveladas sean aclaradas por los místicos chamanes.

En cada animal creado hay un elemento común, que es la respiración o la forma de oxigenarse el organismo, y en esto quedan vinculados con las plantas.

Este es el misterio que es revelado:

Que la oxigenación es el elemento catalizador de la vida espiritual y la vida animada:

Ánimo = Aliento/Exhalar–Desalentar

Mi Carmencita revela, para las generaciones del siglo 21, esta parte del POPOL VUH:

Hay un **fluido espiritual** que emana de cada cosa y ser (animado e inanimado) y que los mesoamericanos que reciban estas revelaciones, y las interioricen, podrán visualizar.

Conocer y aceptar estas revelaciones lleva a vislumbrar ese **fluido espiritual.**

Los mayas aprendieron que en las piedras —por ejemplo— había vida. Y ahora sabemos que los átomos se mantienen unidos por medio de los efectos físicos del magnetismo y de las reacciones atómicas que mantienen adheridas las partes de los átomos.

Nosotros apenas visualizamos el «producto final» de esta aglomeración atómica cuando observamos a la piedra, aunque no podamos «ver» la dinámica física que está uniendo aquellos átomos.

Hasta ahora es que sabemos y empezamos a entender lo que los protomayas ya sabían entonces.

CREACIÓN DEL PRIMER HOMBRE A BASE DE ASERRÍN DE MADERA

CAPÍTULO 8

Todo fue hecho, su cuerpo, y no pareció bien, sino que se desbarataba y estaba blanco y apelmazado, y desmadejado, y se desmoronaba y se humedecía, no se movía su cabeza, sino que en una parte se estaba su cara, era ciego, y no miraba para atrás, aunque hablaba, no tenía entendimiento sino que se revenía en el agua, no era fuerte.

Y dijeron otra vez los hacedores y formadores, será peor después, y no andará y no se multiplicará, que fuere hecho solo de su entendimiento, lo dijeron, y entonces lo desbarataron y lo volvieron a amasar, su formadura y fábrica, y dijeron:

¿cómo lo haremos otra vez que pueda alabarnos e invocarnos? Dijeron que consultaron otra vez, lo diremos a la XPIYACOC y XMUCANÉ, y a HUNAHPUVUCH, y a HUNAHPUUHÚ, probemos otra vez nuestro día.

Su ser formado dijeron unos a otros, los formadores y fabricadores, y entonces lo dijeron a la XPIYACON, y a XMUCANÉ, y después su ser dicho aquello a los adivinos, abuela del día o sol, y de la luna, que así eran llamados los Nombres de XPIYACOC y XMUCANÉ.

Y dijeron aquel HURACÁN con TEPEU y CUCUMATZ que le dijeron al del sol o adivino, al formador adivino alcanzó, y se unió de ello otra vez se haga nuestro hombre formado, y nuestro hombre edificado, otra vez sustentado y alimentado que nos invoque y que se acuerde de nosotros;

entrad en la consulta abuela y abuelo nuestro, XPIYACOC y XMUCANÉ, como se podrá sembrar y aclarar, nuestro ser invocado, nuestro ser adorado, nuestro ser acordado por el hombre formado y edificado, y por el hombre nuestro pobre, y así se diga,

mostrad vuestro nombre HUN-AHPU-VUCH, HUN-AHPU-UHÚ, dos veces madre, dos veces padre, grande pizote, el de los chalchigüites, el del toriron, el de la tabla, otro no, el del toltecat, abuela del sol, abuela de la luna, así seáis dichos por nuestros formados y criaturas; echad suertes con maises y con tyités y sea solo hecho, si saldrá, si labraremos y lo tallaremos, su boca y su cara de palo, se les fue dicho a los adivinos.

OCTAVA REVELACIÓN

Nos revela mi Carmencita que este trozo del POPOL VUH es una metáfora relacionada con el rol de las **generaciones de mesoamericanos espirituales** desde el siglo 21.

Todas las personas que decidan aceptar estas revelaciones y realizar las tareas que se asignen serán los **mesoamericanos espirituales del siglo 21.**

No importa que hayan nacido adentro o afuera del territorio de Mesoamérica.

Estos mesoamericanos espirituales se considerarán como nietos de los chamanes que dejaron este POPOL VUH como herencia y testimonio.

La interpretación del trozo del POPOL VUH es que el primer intento del Consejo de los Dioses fue el de crear un hombre fabricado por ellos a base de barro, pero no les funcionó, y entonces lo reintentaron una segunda vez con madera.

Nos revela mi Carmencita que:

El **principio de capilaridad** es el que permite en los vegetales que las hojas recojan los elementos químicos, como el bióxido de carbono, y lo depositen en las raíces, y desde allí abonen la tierra. Y, por el mismo principio de capilaridad, los nutrientes de la tierra son transportados en forma de líquido hasta las ramas y de allí hasta las hojas.

La **clorofila**, el agua y los minerales permiten una fabricación de **oxígeno**, que es desprendido por las hojas, y se hace una limpieza del aire captado igualmente por estas hojas.

La función vegetal es de limpieza del aire y a la vez de fabricación de oxígeno.

El ser humano debe conocer esta función para poder ejercer su rol superior en esta conformación orgánica de la naturaleza y ocupar el sitio que se le ha asignado. Esta es la clave de esta revelación.

Por razones de agradecimiento de los **señores antechamanes** que se quedaron conformando esta **burbuja de sabios** en el actual territorio mesoamericano, es que se premia, con este conocimiento oculto por tantos años, a esta generación espiritual mesoamericana desde el siglo 21.

La revelación octava asigna la tarea siguiente:

- Repoblar el manto vegetal en Mesoamérica para que baje la temperatura promedio-ambiente en un grado cada diez años.

Este es el **signo** o **sacramento** designado para reconocer aquel relato del primer intento de los dioses de crear un ser humano a base de madera.

La **moraleja** contenida en la revelación es:

Si los mismos dioses tienen que perseverar en los negocios que emprendan, tanto más los seres humanos.

CAPÍTULO 9

Y luego su echadura de las suertes, su ser saludado lo que sortearon con el maíz y el tzité a sol, a formadura, dijeron una vieja y un viejo a ellos, y el viejo era el de las suertes del tzité, y se llamaba XPIYACOC, y la vieja adivina del sol y de la formadura se llamaba CHIRACAN-XMUCANÉ, y dijeron que empezaron a adivinar el sol solo se junten y se unen, decid nuestra nueva, nuestro oído, hablad, parlad, si es conveniente sea labrado el palo por los formadores y si es este el que se ha de sustentar y alimentar, que se siembre y aclare, di tú maíz, tú tzité, tú sol, tú formadura, llamad y seguid, le dijo al maíz y al tzité, al sol y a la forma-dura, y tú corazón del cielo tened vergüenza, no afrentéis a TEPEU y a CUCUMATZ, y entonces respondiendo el tzité y el maíz dijeron la verdad:

hacedlo así que así estará bien, y hablará el palo en la-brándolo, y luego fue hecha la imagen del hombre de palo, y habló como hombre.

Y esto fue el hombre que hicieron, y se multiplicaron, tuvieron hijos e hijas; empero, salieron tontos, sin corazón, sin entendimiento.

Y así no se acordaron más de su criador, sino que en vano estuvieron y anduvieron sobre la tierra,

y así no se acordaron más del corazón del cielo, y así dijeron de hocicos, empero esto fue solo probar, a pararlos y hacer la gente, hablaban, empero estaba seca su cara, estaban abromados y pesados en pies y manos,

no tenían sangre, ni sudor, ni gordura, estaban secas y pálidas sus mejillas, estaban sus pies amarillos y secas sus manos, y amarilla su carne, y así no se acordaron más de su criador y hacedor, el que los había criado; y estos eran ya muchos y se multiplicaron sobre la tierra.

Y después fueron acabados y destruidos y muertos, todos estos hombres de palo.

Fue consultado por el corazón del cielo, y se hizo un gran diluvio que vino sobre ellos;

de palo de corcho era la carne de los hombres y de esta materia fueron hechos y labrados por el criador, y las mujeres fueron hechas de corazón de espadaña, y esta fue la voluntad del criador, hacerlas de esta materia.

Empero no hicieron memoria ni agradecieron al criador que los crió, el haberlos criado, y así fueron muertos y anegados; vino gran resina y pez del cielo, y un pájaro llamado XECOTCOVUCH, vino y les sacó los ojos;

y vino otro que se llamaba CAMULOTZ, y les cortó las cabezas;

y vino otro animal llamado COTZBALAM, y les comió sus carnes,

y el que se llamaba TUCUMBALAM, que les quebró los huesos y los nervios y los hicieron harina; y esto fue en castigo y escarmiento porque no hicieron gracia delante de su madre y su padre y Señor; EL CORAZÓN DEL CIELO que se llama HURACÁN.

Y por ellos se oscureció la faz de la tierra y empezó una lluvizna de noche y de día, y vino todo género de animales chicos y grandes, y los palos y las piedras, y les dieron en rostro, y afrentaron, y todos hablaron, las piedras de moler, comales, platos, cajetes, ollas, perros, tinajas, todos cuanto hubo les afrentaron, y les dijeron:

muy mal nos tratasteis, nos mordisteis, y así os morderemos ahora, dijeron los perros, y las gallinas y las piedras de moler dijeron: fuimos muy atormentados por vosotros todos, todos los días a la tarde, a la mañana, siempre haciendo «holi, holi, huqui, huqui» (esto es el sonido de la piedra y el chiflido que hace al moler),

y este fue nuestro trabajo en vuestras caras y fuerais bien quistos y pues no lo fuisteis ahora probareis nuestras fuerzas, moleremos vuestras carnes, y haremos harina vuestros cuerpos.

Esto les dijeron las piedras de moler, y los perros dijeron que hablaron, porque no nos dabais nuestra comida, sino que solo estaban mirándoos, y nos corrías y nos arrojabais, y siempre estaba prevenido un palo para darnos que comíais, y así nos tratabais porque no hablábamos.

¿Quizás no hubierais muerto ahora, porque no mirasteis por vosotros?

así nos perdimos, ahora probaréis nuestros dientes que están en nuestra boca, os comeremos, dijeron los perros que les dijeron en rostro, y los comales y las ollas les hablaron en esta forma:

dolor y pena nos disteis, nuestras bocas y nuestros rostros tiznados, siempre estábamos cociendo sobre el fuego, nos quemasteis y sentimos el dolor;

probaréis ahora, y os quemaremos, dijeron las ollas, todas dándoles el rostro, y las piedras que eran tenamastes con furia: venga el fuego, nuestras cabezas puestas para la olla, nos hicisteis, y nos causasteis dolor, y andaban corriendo desatinados,y queriendo subirse sobre las casas, y se les caía la casa, y venían abajo, y querían subir sobre los palos, y los arrojaban los palos, y queriendo meterse en los hoyos, y se les cerraban, y así fueron destruidos y aniquilados y afrentados todos.

Y así fue dicho: señal de esta gente son los monos que ahora andan por los montes, y por eso quedaron por señal, porque solo fueron de palo, hechos por el criador, y EL MONO POR ESO SE PARECE AL HOMBRE porque es señal de otro género de hombres hechos de palo.

NOVENA REVELACIÓN

Este trozo del POPOL VUH quiere decir que existe, por virtud del fluido espiritual universal, una relación vital entre el ser humano con todas las demás criaturas (animales y plantas), y también con las cosas inanimadas.

Mi Carmencita me enseñó que este trozo del POPOL VUH eleva el **principio moral** que tienen en común todas las creencias religiosas: «No hagas a otros lo que no quieras para ti».

Los chamanes le explicaron a ella, por ser principal dentro del **sistema matriarcal** que todavía subsiste en la **etnia nonualca,** que esta altísima **norma moral** fue acarreada por aquella burbuja social compuesta por los **sabios antechamanes** que vinieron desde Eurasia a través del estrecho de Behring acompañando a las hordas que huían del frío y que, siguiendo a las manadas de animales que los sustentaban, llegaron al doble continente americano, habiéndose detenido solo ellos —los antechamanes— en lo que ahora se reconoce como Mesoamérica.

El fluido espiritual universal le concede vida a las cosas inanimadas, y por eso el ser humano les debe el mismo respeto que a los animales y plantas, y a los otros seres humanos por la razón de que todos —sin excepción— son producto elaborado por los dioses.

Para los mesoamericanos espirituales desde el siglo 21, mi Carmencita asigna las tareas siguientes para el resto del siglo:

- Que como aprestamiento frente a las consecuencias nefastas derivadas del presente y actual **cambio climático,** y con el propósito de preservar la raza humana que recuerde el contenido del POPOL VUH, se hagan esfuerzos de **mitigación del impacto negativo** del cambio climático por medio del favorecimiento de la producción local de la cerámica utilitaria, lo mismo que de la cestería y de los tejidos tradicionales a base de fibras naturales y colorantes naturales, promoviendo la substitución del plástico de manera consecuente.

- Dedicar más hectáreas de cultivo del henequén para criar la cochinilla y obtener el color rojo. Usarlo preferencialmente para tejidos y alimentos, y lo mismo vale para las plantas del achiote y para las plantas del índigo para el color azul.

Muy encarecidamente —por revelación en sueños que tuvo mi Carmencita— nos aconseja promover la **plusvalía** de todos los terrenos de cerros y volcanes de más de 900 metros de altura para aumentar en estas tierras casi baldías el cultivo de la zarzamora con la intención de explotar la artesanía de la seda, hasta lograr que Mesoamérica sea reconocida mundialmente como «La Meca de la seda».

CAPÍTULO 10

Y entonces había poca claridad sobre la faz de la tierra, y aún no había sol, y entonces uno llamado VUCUB-CAQUIX

(esto es, siete guacamayas)

se ensorbecía.

Había entonces, cielo y tierra, pero estaba turbia la luz del sol y la luna, y este VUCUB-CAQUIX decía:

solo aquella poca gente que se anegó, fueron como brujos, yo ahora seré grande sobre todas las criaturas, so soy su sol, yo soy su blancura, yo seré su luna, es grande mi claridad, y soy por quien han de andar los hombres y pararse, porque mis ojos son de plata, solo resplandecen como las piedras preciosas VERDES COMO EL CIELO mis narices, resplandecen de lejos como la luna y es de plata mi trono, y cuando salgo se aclara la tierra; y así yo sol sol y soy luna por la claridad de los vasallos que tendré, porque mi vista alcanza muy lejos:

esto dijo el dicho VUCUB-CAQUIX.

Pero no era el sol el tal VUCUB-CAQUIX, sino que lo ensorbecían sus riquezas y su plata; y solo alcanzaba su vista a todo el mundo, y todavía no había visto la cara al sol, a la luna, ni a las estrellas, ni había aclarado; ya se ponía el VUCUB-CAQUIX por el sol y por la luna, pero no se había manifestado la claridad del sol y la luna, solo deseó la grandeza y sobrepujar; y esto fue cuando se hizo el diluvio por la destrucción de los hombres de palo;

y ahora trataremos cuando murió el VUCUB-CAQUIX, cuando fue vencido y cuando fue hecho el Hombre por el criador.

Como expresión «verde como el cielo» parece algo extraño, como se debe tratar de explicar, que los indios del Quiché en su idioma NO DISTINGUEN EL AZUL DEL VERDE.

Llaman los dos diferentes colores con la misma palabra = RAX.

En el mismo caso se hallan las lenguas poqomchi y cachiquel, en las cuales se usa la misma palabra para los dos colores. Sin embargo ya el padre Ximénez también usó en su traducción de esta misma frase el intento de interpretar como que el CIELO TROPICAL QUE TIRA MUCHAS VECES A VERDE, traduciendo de acuerdo a su experiencia de ver las apariencias de la naturaleza, que aún y cuando existen en realidad, no parecen «tan naturales» cuando se hace la descripción o pintura de ellas.

Mecate = lianas, bejucos.

DÉCIMA REVELACIÓN

Mi Carmencita nos ha dejado dicho que tomemos en cuenta que con el diluvio universal llovió por primera vez en el planeta.

Hasta entonces todo estaba envuelto por la neblina y por eso la humanidad no había visto bien ni el sol, ni la luna, como tampoco las estrellas.

Nos explica que la expresión «verde como el cielo» nos ha de parecer extraña, ya que estamos acostumbrados a ver el cielo con tonalidad azul, siendo la explicación para nosotros que en el idioma indígena no hay distinción entre el color verde y el color azul, y que ambos se denominan con el mismo vocablo (RAX).

La evolución ya había traspasado todas las eras glaciales, hasta que se desató el diluvio y se agotó la era del **segundo ser humano** creado a base de madera.

Los dos intentos de crear una creatura que alabase a HU-RACÁN y al Consejo de los Dioses son metáforas que significan las dos etapas evolutivas del ser humano hasta entonces.

Cada edad tiene que terminar con una hecatombe capaz de borrar un episodio y de darle inmediato inicio a otra etapa superior.

El personaje mítico VUCUB-CAQUIX representa a una humanidad infatuada y descuidada con la Creación.

El conocimiento de la voluntad de HURACÁN y del Consejo de los Dioses se menciona literalmente como «claridad».

Esta claridad —que representa **el saber**— no se había manifestado todavía porque HURACÁN confió demasiado en el libre albedrío de aquella segunda humanidad (el hombre de madera).

CAPÍTULO 11

Esta es, o fue la causa de la destrucción de VUCUBCA-QUIX por los dos muchachos:

HUN-AHPU, así se llamaba el uno

(un tirador) y el otro llamado XBALANQUE

(diminutivo de tigre y venado);

estos también eran Dioses y por eso les pareció mal aquella soberbia, porque lo hizo ante el CORAZON DEL CIELO, y dijeron los dos muchachos:

No será bien que esto pase adelante, porque no vivirán los hombres aquí en la tierra; y así probaremos a tirarle con cerbatana, cuando coma; le tiraremos y le meteremos una enfermedad, y entonces se acabarán sus riquezas, sus piedras preciosas, y sus chalchigüites, que es con lo que se engrandece, y así harán todos los hombres: no, porque tenga riquezas se ha de hacer grande, dijeron los dos muchachos, y cada uno con su cerbatana al hombro.

Y aqueste VUCUB-CAQUIX tenía dos hijos, el primero se llamaba SIPACUA, y el segundo se llamaba CABRACÁN, y su madre de ellos, se llamaba CHIMALMAT, que era la mujer de VUCUB-CAQUIX y aqueste su hijo SIPACUA; su pasto y comida eran los grandes montes, y esto además en una noche amaneció hecho el cerro llamado HUNAHPU-PECUL,

YAXCANUL-MUCAMOB,

HULISNAB, porque en una noche SIPACUA hacia un monte, y su hermano CABRACÁN

(esto es de dos pies), meneaba y hacía temblar los montes grandes y chicos, y así también se ensorbecieron estos dos hijos de VUCUBCAQUIX, y así VUCUBCAQUIX dijo:

Habéis de saber que yo sol el sol, y yo soy el hacedor de la tierra, dijo SIPACUA;

y yo soy, dijo CABRACÁN, el que mueve la tierra, derribaré toda la tierra.

Y así mismo los hijos de VUCUB.CAQUIX así mismo se ensorbecieron por la soberbia de su padre, y esto les pareció muy mal a los dos muchachos HUN-AHPU y XBALANQUE, y aún todavía no se habían hecho nuestros primeros padres y madres, y así se consultó por los dos muchachos sus muertes de VUCUB-CAQUIX, de SIPACUA y CABRACÁN.

Y aquí se sigue el decir del bodocazo que los dos muchachos dieron a VUCUB-CAQUIX, y como cada uno fue destruido por su soberbia.

DÉCIMO PRIMERA REVELACIÓN

Este trozo del POPOL VUH es demasiado importante para quienes examinen el contenido histórico de la humanidad entera.

Su estilo literario confunde a usted como lector, y mi Carmencita nos revela una forma adecuada de descifrarlo, entendiendo este estilo «tan barroco» de decir algunas cosas con un lenguaje muy florido o adornado, queriendo comunicarnos otro mensaje mucho más claro.

La revelación 11 que nos hereda mi Carmencita se explica literalmente en lo temporal, partiendo desde una era cuando la organización social era todavía incipiente —y necesariamente colectiva—.

Partiendo de este relato mito-mágico encontramos el mito de una humanidad ufanándose de manipular a la misma Creación, llegando a creer que estaba dotada de poderes superiores.

De esta forma se describe la aplicación del poder mágico de los hijos de VUCUB-CAQUIX.

Este representa el grado de desarrollo de la humanidad en aquel episodio. Por lo tanto, los autores de este trozo ahora literario utilizaron el lenguaje mito-mágico como un recurso didáctico basado en el relato.

Para la transmisión oral, esta estrategia pedagógica aseguraría que la substancia y el fundamento del mensaje quedara invariable (por eso lo substancial y fundamental del valor de que este pasaje persistiera en el tiempo **sin variaciones**).

Quiere decir entonces que estos personajes son símbolos de transferencia metafórica; y se los ha dotado de poderes extraordinarios para facilitar dos cosas:

a. Asegurar la perduración del núcleo del argumento central del relato.

b. Prolongar su valor intrínseco a través del tiempo sin exponerlo a variaciones en el núcleo del argumento del relato.

El momentum al que alude este pasaje podríamos ubicarlo en un período anterior a cualquier forma de organización social, cuando los individuos se arrimaban a otros más por instinto de conservación y de reproducción que por instinto gregario (de pertenencia o de agrupación).

El relato nos quiere anunciar la conformación del conglomerado y sus primeras consecuencias y desafíos.

Los autores nos dan una fórmula de genealogía que surge con VUCUB-CAQUIX y se transfiere a la segunda generación en sus hijos herederos, SIPACUA y CABRACÁN.

La trilogía compuesta por el padre y sus dos hijos representa a los primeros humanos (padre), a los asocios humanos incipientes formados instintivamente y por casualidades.

La energía contenida en la capacidad telúrica que producía estremecimiento a quienes fueron testigos de la presencia de estos grupos ocasionales era equivalente al relato de la huella de daños que iban dejando a su paso.

Lo explicado hasta aquí con relación al significado e interpretación de esta trilogía es necesario para entender con facilidad qué es lo que contiene como mensaje el rol de los dos muchachos: HUN-AHPU (un tirador) junto a XBALANQUE (traducibles a diminutivos de las palabras «tigre» y «venado»).

Los autores nos presentan una dualidad o una dicotomía.

Estos dos nombres contienen simbologías importantes que debemos conocer mejor.

Un tirador es la adjudicación de la mejor competencia táctica que pudiera tener un humano exitoso en la tarea defensiva y punitiva, como lo era el poner la máxima distancia armada entre él y el objeto, animal o persona rival.

Ser buen tirador era una condición admirable (digna de admiración) y poderosa (porque dotaba de ventaja y fortaleza comparativa).

El significado transferible para nosotros en el siglo 21 es que esta dualidad representa las bipolaridades (hombre/lo masculino + mujer/lo femenino).

Lo masculino significa el fuero suprahumano capaz de definir la ética más pura e inocente (noción de **lo bueno** y de la **bondad** frente a **lo malo** y la **maldad**).

Nos quiere decir que la humanidad va evolucionando y comienza a utilizar el método de prueba y error como primicia del raciocinio utilitario.

El desaprovechamiento de los recursos y de las competencias adquiridas para obtener aptitudes que solucionaban el desafío de asegurar la existencia estaba alojado en las prácticas de un estilo de vida individualizado y, como individuo, era de poco desempeño.

Los dos muchachos, por lo tanto, significan el cambio evolutivo que es marcado aquí simbólicamente por una catástrofe que causa la muerte de la trilogía.

Un nuevo estilo de vida le da espacio al evolucionar desde el individualismo hacia un colectivismo como talante humano superior al anterior.

CAPÍTULO 12

Este VUCUB-CAQUIX tenía un palo o árbol de nances porque esta era solo su comida, todos los días se subía al árbol de nances a comer la fruta; esto habían visto HUN-AHPU y XBALANQUE que era su comida, y se pusieron en espía los dos muchachos debajo del árbol escondidos entre las hojas de la yerba, y entonces llegó VUCUBCAQUIX, y estando ya subido en el árbol, entonces HUNAHPU le tiró un bodacazo que fue derecho, y le dio en la quijada, y dando gritos cayó al suelo;

y luego que HUN-AHPU vio caído a VUCUB-CAQUIX fue a toda prisa, fue agachado a cogerlo, y entonces VUCUB-CAQUIX le cogió el brazo a HUN-AHPU, y se lo arrancó el brazo de la punta del hombro, y entonces HUN-AHPU saltó a VUCUB-CAQUIX y así quedaron bien los dos muchachos, porque no quedaron vencidos por VUCUB-CAQUIX y fuese a su casa llevando el braco de HUN-AHPU, e iba teniéndose las quijadas.

¿Qué le ha sucedido a usted?

Dijo CHIMALMAT a su marido VUCUBCAQUIX.

¿Qué ha de ser?

Que dos demonios me tiraron con cerbatana y me desquiciaron las quijadas, todos los dientes se me menean, y me duelen mucho; pero aquí traigo un brazo de uno de ellos, colgadlo al humo sobre el fuego, para que vengan por él los dos demonios, dijo el VUCUB-CAQUIX.

Y entonces colgó el brazo de HUN-AHPU y entonces HUN-AHPU y XBALANQUE consultaron qué debían hacer, y habiéndolo consultado, lo fueron a decir a un viejo que ya estaba con la cabeza blanca y a una vieja que de verdad era muy vieja, y tanta era la vejez de ambos que ya andaban corcobados;

el viejo se llamaba SAQUINIMAC, y la vieja se llamaba SAQUINIMA-TZITZ (un gran pizote blanco).

Y les dijeron los dos muchachos al viejo y la vieja:

acompañadnos para ir a traer nuestro brazo a casa de VUCUB-CAQUIX;

nosotros iremos detrás de vosotros, como que somos vuestros nietos, que se han muerto padre y madre, así preguntándoos, decir que andamos tras de vosotros y que pasáis sacar el gusano que se come las muelas y los dientes, y así como a muchachos nos verá VUCUB-CAQUIX, y nosotros te aconsejamos; esto dijeron los dos muchachos.

Está bien, dijeron los viejos; y entonces fueron a la esquina de la casa de VUCUBCAQUIX, el cual estaba recostado en su trono, y entonces pasaron los dos viejos, y los dos muchachos jugando detrás de ellos, y pasaron por debajo de la casa de VUCUBCAQUIX, y estaba gritando del dolor de la muela, y viéndolos VUCUBCAQUIX a los dos viejos y a los muchachos les preguntó:

¿De dónde venís abuelos?

Nosotros, Señor, andamos buscando nuestro remedio dijeron.

¿Cómo buscáis vuestro remedio, son hijos vuestros esos que os acompañan?

No, Señor, son nuestros nietos; sino que les tenemos lástima, Señor, de lo que hallamos les damos un pedazo de tortilla, dijeron los viejos.

Y en esto está el Señor muy malo de la muela, y que a pura fuerza hablaba; y os suplico que me tengáis lástima.

¿Qué es lo que hacéis, qué es lo que curáis? dijo el Señor.

Señor, lo que curamos nosotros, dijeron los viejos, es sacar el gusano de los dientes y muelas, y curamos los ojos, y también curamos quebraduras de huesos,

Está bien, y si así es verdad, curadme mis dientes, que estoy sin sosiego y no duermo, y también me duelen los ojos, porque esto tuvo principio de que dos demonios me dieron un bodacazo, y así no puedo comer; y así tenedme misericordia porque se me menean todos los dientes todos.

Está bien, Señor, gusano es el que le hace daño, sacaremos esos dientes y le pondremos otros en su lugar.

¿O quizás no será bueno eso?

Porque de esa suerte soy Señor, y con eso solo como con los dientes y con mis ojos.

Y dijeron ellos: pondremos otros en lugar de esos, pondremos hueso molido. Pero ese hueso molido solo era maíz blanco.

Está bien, dijo el Señor. Sacadlos ayudadlos.

Y entonces le sacaron los dientes a VUCUBCAQUIX, y solo maíz blanco fue lo que le pusieron en lugar de los dientes, y estaban relumbrando los maíces en su boca, y luego se le cayó la cara, nunca más pareció Señor, y acabaron de sacarle todos sus dientes y le quedó la boca moreteada.

Y cuando le curaron los ojos a VUCUB-CAQUIX, le desollaron las niñas de los ojos, y le quitaron toda la plata y no lo sintió; y sacada quedó mirando, pero ya no era grande ni se ensoberbecía, y esto fue hecho por consejo de HUN-AHPU y de XBALANQUE, y se murió VUCUB-CAQUIX, y entonces tomó su brazo HUN-AHPU, y también murió CHIMALMAT, la mujer de VUCUB-CAQUIX, y así se perdió su riqueza de VUCUB-CAQUIX.

Y el médico tomó todas las piedras preciosas que le ensoberbecieron aquí en la tierra, y el viejo y la vieja, que lo hicieron, eran Dioses, y cuando tomaron su brazo, lo pusieron en su lugar, y se reunió y quedó bueno, y solo por la muerte de VUCUBCAQUIX quisieron hacerlo así, porque les pareció mal su soberbia; y después se fueron otra vez los dos muchachos, y esto fue hecho así, por mandado DEL CORAZÓN DEL CIELO.

DÉCIMO SEGUNDA REVELACIÓN

Mi Carmencita me dijo que les revelara la esencia de las **escuelas de chamanes** en cuanto a sus competencias espirituales sanadoras, siempre justificadas por un comportamiento que comienza por **ser bueno** como condición para **hacer el bien.**

Compartir las formas del trance inducido por los alucinógenos que practica el chamanismo, o las formas del éxtasis por medio de la meditación o de la oración profunda no es condición suficiente para sanar enfermedades o reparar organismos humanos.

Es necesario agregarle algo purificador (en clave cristiana podría equivaler a «la santidad» necesaria para que el chamán pueda restaurar el equilibrio entre el espíritu y el cuerpo del paciente).

Dijo mi Carmencita que pusiera énfasis yo en revelarles la condición «de la ancianidad» relatada en este episodio, equivalente a sabedor/estudiado/letrado/conocedor.

Anciano no es, entonces, una característica de muchos años vividos, sino que significa «conocimientos acumulados» por una persona aunque sea joven o no muy vieja todavía.

Es un uso de la tradición oral maya transmitir por medio de una metáfora.

Es en este caso que el capítulo 12 usa la edad cronológica como significado del acervo de conocimiento docto del chamán, y lo equipara (fuera del contexto de la edad cronológica) al rol del abuelo, el cual, en la cultura maya equivale a «el que sabe más».

Que al chamán se lo tenga como a un anciano —aunque no sea viejo— quiere decir:

- El histrionismo o arte de la actuación escénica es parte insoslayable en la buena práctica chamanista.

- La atmósfera mágica es parte del arsenal sanador y es equivalente al poder de la sugestión.

- La herramienta chamanista del hipnotismo puede lograr un grado de insensibilidad parecido a la anestesia clínica, y sirve para operar al paciente sin que padezca de dolor.

El brazo cercenado por VUCUB-CAQUIX al desprenderlo del cuerpo de HUN-AHPU, y su restauración a mano propia al morirse VUCUB-CAQUIX quiere decir aquí:

El uso del hipnotismo como anestesia es en sentido mágico.

El contenido de este capítulo 12 nos revela que los chamanes mayas son capaces de aplicar tratamientos restaurativos del equilibrio espiritualcorporal de forma integral, ya que abarcan todos los órganos del cuerpo y aplican la medicina tradicional para aliviar los dolores de cabeza, de ojos, de dientes, y su representación de **todo el cuerpo** (según este relato del POPOL VUH).

Ya en el contenido prescriptivo, la revelación de mi Carmencita nos indica:

- La restricción al chamán maya en cuanto a curar solo espiritualmente.

- El chamán está obligado a restablecer el equilibrio espiritual y orgánico en su conjunto.

- La soberbia de VUCUB-CAQUIX y de su mujer CHIMALMAT representa la totalidad de quebrantos espirituales de toda la humanidad (por eso se ha utilizado el ejemplo del padecimiento de esta pareja de reyes soberbios).

- Queda desautorizado al chamán maya el tratamiento de sanación espiritual de las maldades humanas, sobre todo las derivadas de todo tipo de prepotencia.

- El chamán no tiene competencias restaurativas de males espirituales provocados por la maldad en el carácter del individuo.

- Quien se sorprenda a sí mismo como mala persona puede acudir al chamán para consejos de cómo limpiarse espiritualmente, pero la responsabilidad de la curación queda fuera de las competencias sanativas del chamán.

- Nadie nace malo.

- Todos podemos volver a ser buenos, si lo queremos.

- Ser bueno es la condición para hacer el bien.

- Y ser feliz haciendo felices a los demás es la condición para el éxito individual.

El objetivo de la Creación ha sido que sepamos ser felices y por lo tanto es la felicidad individual la condición para la felicidad colectiva y no al revés.

CAPÍTULO 13

Y aquí van las obras de SIPACUA el primer hijo de VUCUB-CAQUIX.

Yo soy el hacedor de los montes, dice SIPACUA, y este SIPACUA se estaba bañando en un río que pasaron los cuatrocientos muchachos que llevaban arrastrando un palo para pilar de su casa cuatrocientos de montón, y cortaron un gran palo para madre de su casa de paja, y cuando vio esto SIPACUA, fue donde estaban los cuatrocientos muchachos, y les preguntó:

¿y qué es lo que hacéis, muchachos?

Este palo, respondieron, que no lo podemos levantar.

¡Levantadlo! dijo SIPACUA: lo llevaré yo.

¿Y adónde ha de ir, de qué sirve, o para qué lo habéis cortado? Para madre de nuestra casa, respondieron ellos.

Está bien, dijo SIPACUA, y tirando de él, lo cargó, y lo llevó hasta la puerta de la casa de los cuatrocientos muchachos.

Y entonces ellos le dijeron: quédate con nosotros;¿tienes madre o padre? No tengo, respondió SIPACUA. Mañana, dijeron los cuatrocientos muchachos volveremos a traer otro palo para pilar de nuestra casa, en hora buena, dijo SIPACUA, Y entraron ellos en consejo, los cuatrocientos, y dijeron:

¿Qué haremos con este muchacho, matémoslo porque no es bueno esto que hace, él solo levantó el palo: lo que haremos será: haremos un gran hoyo y allí lo arrojaremos abajo en el hoyo, le diremos: anda a sacar tierra de aquel hoyo, y cuando él está inclinado en el hoyo, le echaremos un palo grande y allí morirá en el hoyo.

Y luego hicieron un gran hoyo muy hondo; entonces llamaron a SIPACUA, y le dijeron: nosotros somos tus queridos, andad y cavad otro poco en el hoyo, porque no alcanzamos.

Está bien, dijo él, y bajó el hoyo.

Cava bien, le dijeron, hasta que lo hagas muy profundo.

Está bien, dijo él, y entonces empezó a cavar; pero el hoyo que hizo, fue para librarse, porque supo que lo querían matar, y cavó un hoyo de lado, un brazo hizo de hoyo en donde se libró. ¿Ya está cavado, ya ahondado? Le dijeron los muchachos. Aún estoy cavando, yo os avisaré y llamaré, cuando esté cavado el hoyo, dijo allá abajo SIPACUA en el hoyo; empero, no cavaba el asiento del hoyo para su entierro, sino un hoyo en que librarse.

Y después llamó de allá abajo SIPACUA

(pero ya estaba escapado cuando llamó) venir, tomad la tierra que está cavada en el asiento del hoyo, porque ya de verdad he ahondado mucho: no oís mi voz, y yo oigo el eco, y oigo vuestra voz, aunque estoy en un hoyo de dos vueltas, dijo SIPACUA en su hoyo, y allí estaba agachado y gritaba a menudo, y entonces los muchachos arrastraron el palo,

y lo arrojaron con estruendo abajo en el hoyo, y dijeron: callen todos, nadie hable, sino oigamos cuando grite, y ellos hablaron en secreto entre sí y entonces arrojaron el palo en el hoyo, y cuando dio una voz, cayó el palo, y entonces se alegraron y dijeron:

¡Oh qué buena que es lo que hemos hecho. Ya murió, y si hubiera vivido, nos hubiera hecho mucho mal, porque se había ya metido entre nosotros los cuatrocientos muchachos,

y dijeron alegrándose:

ahora lo que haremos será, en estos tres días hacer nuestra chicha, y a los tres días beberemos nosotros los cuatrocientos muchachos nuestra chicha, mañana veremos, y pasado mañana veremos, si vienen acaso las hormigas en la tierra cuando hieda y se pudra, y entonces se sentará nuestro corazón, y beberemos sin cuidado, dijeron.

Y SIPACUA lo oía todo en el hoyo, cuando hablaron los muchachos, y luego al segundo día salieron un montón de hormigas, y andaban y abundaban y llegaron debajo del palo, y unas traían pelos o traían uñas de SIPACUA, y cuando lo vieron los muchachos, dijeron: ya pereció aquel demonio, mirad las hormigas, vinieron y se juntaron y traen todas pelos y uñas; ¡mirad lo que hemos hecho!

Y SIPACUA estaba vivo, y él se cortó las uñas y los cabellos de su cabeza, y con la boca se cortó las uñas y se las daba a las hormigas; y así pensaron que había muerto los cuatrocientos muchachos, y al tercero día empezó la bebida, y se emborracharon los muchachos, y estando todos borrachos los cuatrocientos muchachos, y no sentían, luego fue derribado el rancho sobre sus cabezas por SIPACUA, y todos fueron aporreados, y ni uno, ni dos, escaparon de los cuatrocientos muchachos; fueron muertos por SIPACUA hijo de VUCUB-CAQUIX;

y así fueron las muertes de los cuatrocientos muchachos, y así se dijo que estos entraron en lugar de las siete cabrillas en el cielo que se laman «MOTZ», esto es un montón, porque montón fueron muertos. Y esto quizás será mentira.

DÉCIMO TERCERA REVELACIÓN

Según me encomendó mi Carmencita, hago recuerdo aquí, que esta parte del POPOL VUH se remonta a un recuerdo ancestral que habría de ubicarse en una tribu de sabios euroasiáticos, o cuando menos ubicables en la cordillera del Himalaya.

Este grupo viajaría durante una de las primeras heladas mundiales y pasaría al doble continente americano, bajando hasta quedarse a vivir en la actual Mesoamérica.

Estas leyendas, por lo tanto, fueron el sentido mesiánico que profetiza la durabilidad de esta tribu o grupo de sabios, aunque por otro lado y al mismo tiempo contiene **valoraciones morales** que están relatadas de manera mítica y mágica.

La figura de cuatrocientos muchachos proviene de una fórmula mágica y mítica de contar: comienza con la idea del 1 (unidad), luego del 2 (adición) y del 3 (acumulación). Se interrumpe el hilo de esta lógica de calcular, y en vez de continuar con el 4, prefiere el cuatrocientos, el cual es un concepto mítico que significa «muchos» (1 - 2 - 3 - muchos).

Al disponer el relato que hay un diálogo del hijo de VUCUB-CAQUIX con estos cuatrocientos muchachos, notamos una asimetría de personajes dialogando:

SIPACUA por un lado, y los cuatrocientos muchachos (colectivo) al otro lado.

Esto quiere decirnos que por «cuatrocientos muchachos» debemos entender hoy en día «la juventud».

La juventud es una entidad aquí en este relato.

Después viene la explicación mítica de la casa de paja y una viga madre que la sostiene, lo cual hemos de entender como «la casa del común», es decir, **la identidad**.

De aquí en adelante y a partir de esta revelación 13, se insinúa una multitud de personas que, por virtud de conocer esta revelación de mi Carmencita, pasa a ser el pueblo heredero de aquella tribu de sabios que salió de las montañas del Himalaya (los mesoamericanos espirituales en el tercer milenio).

El relato contiene la advertencia de que aquel pueblo de sabios ha de enfrentarse en todos los tiempos contra la audacia de los descendientes de VUCUB-CAQUIX, aquí en la figura de su primogénito SIPACUA.

Estos descendientes de VUCUB-CAQUIX tienen poderes mágicos y pueden aliarse con la naturaleza, como lo deja ver el caso de las hormigas.

La juventud de entonces ha quedado fija en el firmamento, en la constelación de las Siete Cabritas y en la Vía Láctea, que el chamanismo mesoamericano usa como herramientas didácticas.

Resumiendo, en términos actuales y con proyección hacia el futuro, este capítulo 13 se interpreta como una leyenda oral que debe ser contada de memoria, pasando de una generación a la siguiente, para no olvidar el origen de los sabios viejos que se quedaron, como una burbuja demográfica, a vivir en el actual territorio mesoamericano y que vivieron en la prehistoria a partir de su sabiduría puesta al servicio de las otras tribus con las que compartían el territorio.

Vivían, pues, del culto y de la asesoría.

CAPÍTULO 14

Ahora diremos como fue vencido y muerto SIPACUA, y que otra vez fue vencido por los dos muchachos HUN-AHPU y XBALANQUE.

Y esto les pareció desprecio en su corazón. Haber muerto a los cuatrocientos muchachos que fueron muertos por SIPACUA, y este solo pescado y cangrejos buscaba a la orilla de los ríos, y esto era lo que comía todos los días; de día se paseaba cuando buscaba comida, y de noche cargaba los cerros.

Entonces HUNAHPU y XBALANQUE hicieron una imagen de cangrejo y de una hoja, que se cría en los árboles que se llaman EC, hicieron las manos grandes del cangrejo y las pequeñas de otras hojas más pequeñas llamadas PAHAC, y la concha y manos hicieron de laja, y la pusieron, y entonces la pusieron en una cueva, debajo de un gran cerro que se llamaba MEABAN, en donde fue vencido.

Y entonces vinieron los muchachos y se hicieron encontradizos con SIPACUA en el arroyo, y le preguntaron: ¿donde vas muchacho?

Y dijo SIPACUA: no voy a ninguna parte; sino que ando buscando mi comida;

y ellos le preguntaron: ¿qué es tu comida?

Solo pescado y cangrejos, y no he hallado ninguno, y desde antier no como, y ya no puedo sufrir el hambre.

Y entonces le dijeron ellos: un cangrejo está allá debajo de la barranca; y de verdad es muy grande, y; ¡qué bien que lo comieras! Quisimos cogerlo, y nos mordió y nos atemorizamos por él; o si te parece ¿que vamos a cogerlo?

Apiadaos de mí, llevadme allá donde está, dijo SIPACUA.

No queremos, dijeron ellos: sino andad, no te perderás, andad río arriba, e irás derecho con él, debajo de un grande cerro está sonando, y haciendo

«HOVOL» e irás derecho allá dijeron HUN-AHPU y XBA-LANQUE.

¡Oh pobre de mí! pues no le encontrasteis por ventura nosotros, dijo SIPACUA, yo iré a enseñaros donde hay muchos pájaros, vais a tirar con la cerbatana, yo solo sé donde están, y a vista de ellos entró debajo de la laja.

¿Y de veras lo podrás coger? No nos hagas volver de balde, porque nosotros lo quisimos coger y no pudimos, porque estando nosotros echados, entrábamos por dentro, nos mordía y ya por un tris, no lo cogemos, y así será bueno que tu vayas en su seguimiento para arriba.

Está bien, dijo SIPACUA. Y entonces le fueron acompañando.

Y llegaron debajo de la barranca, y el cangrejo estaba echado de lado, y muy colorada la concha, y allí debajo de la barranca estaba el secreto de los muchachos.

Está bien, dijo SIPACUA alegrándose, y ya quisiera comérselo, porque ya estaba muerto de hambre; y probó a entrar echado, y el cangrejo iba subiendo, y saliose luego; y le dijeron los muchachos: ¿no lo cogiste?

No lo he cogido, poco me faltó para cogerlo, sino que se subió para arriba, y así quizás será bueno que luego entre para arriba, y no faltándole ya más que las rodillas que entrar, se desmoronó el cerro y se cayó con sosiego para abajo sobre su pecho, y no volvió más, y no se hizo piedra el SIPACUA, y así fue vencido el SIPACUA, por los muchachos HUN-AHPU y XBALANQUE, y esto cuentan que antiguamente era el que hacía los cerros, este Hijo mayor de VUCUB-CAQUIX.

Debajo del cerro que se llamaba MEABAN, fue vencido, y solo por milagro fue vencido; y ahora diremos del otro que se ensoberbeció.

DÉCIMO CUARTA REVELACIÓN

Me dijo mi Carmencita que les mencionara muy especialmente la aparición de **los pares** en el POPOL VUH.

Es un detalle que nos revela toda la esencia de la sabiduría que trajeron desde la prehistoria maya que aquí se cuenta por los **abuelos primigenios**.

Para que haya **el bien,** también tenemos que atender la existencia **del mal.**

Todo lo que nos ayuda a descubrir por cuenta propia alguna verdad sobre la base de la complementariedad ha de pasar por descubrir de antemano esta dualidad.

HUN-AHPU y XBALANQUE conforman esta definición dual en esta revelación 14.

El relato nos manda a descubrir la pasión dominante en las personas que nos rodean.

Una vez que comprendemos la fuerza que mueve a esta gente, sucede que por esa virtud llegamos a apoderarnos de su voluntad.

Las hambres insatisfechas constituyen los factores débiles de estas personas.

Nuestra labor ha de consistir en animarles a conseguir sus propósitos prioritarios, y de esta colaboración nuestra ha de aparecer nuestro dominio sobre ellos.

CAPÍTULO 15

Y el tercero que se ensoberbeció, que era el segundo hijo de VUCUB-CAQUIX, que se llamaba CABRACÁN (esto es dos piernas) decía: yo soy el que destruyó los cerros.

Y así mismo HUN-AHPU y XBALANQUE decían que vencieron al CABRACÁN y HURACÁN, CHIPA-CACULHA y RAXACACULHA dijeron los que hablaron a HUN-AHPU y XBALANQUE, que el segundo hijo de VUCUB-CAQUIX también sea destruido: esto mandé porque no es bien lo que hace sobre la faz de la tierra, porque se pasa a mucha grandeza, y no debe ser así: alagadlo, y llevadlo allá hacia donde nace el sol. Esto dijo HURACÁN a los dos muchachos. Está bien, dijeron ellos, ¿no está bien esto que vemos, por ventura?

NO ventura, ¿no es el primero vuestra grandeza, tú CORAZÓN DEL CIELO, no soy primero?

Esto dijeron los muchachos, que respondieron a lo que les dijo HURACÁN, y estando actualmente CABRACÁN meneando los montes, apenas los meneaba un poco, dando golpes con los pies en la tierra: luego se desgajaban los pequeños y grandes montes, y siendo entonces encontrado por los dos muchachos le preguntaron ¿adonde vas muchacho? No voy a parte alguna, dijo él, aquí estoy solo derribándolos.

Y entonces el CABRACÁN le dijo a HUN-AHPU y XBALANQUE: ¿a qué venís, no os conozco, ni sé qué es vuestra venida; cómo os llamáis? No tenemos Nombre, dijeron ellos, solo somos tiradores de cerbatana, y cazadores de liga por los montes, somos pobres y no tenemos cosa alguna, andamos por los montes grandes y chicos; allá en el nacimiento del sol vimos un gran cerro, y es muy fragante su dulzura, y es tan alto, que se sube sobre todos los cerros, y así no hemos podido, como es tan alto, coger pájaro alguno; y si así es verdad que tú derribas los cerros, dijo HUN-AHPU y XBALANQUE, ahora nos ayudarás.

Es verdad eso, dijo CABRACÁN.

¿Habéis visto ese cerro que decís? ¿Adonde esá? Y lo veré, y lo echaré abajo, ¿adonde lo visteis?

Allá, dijeron ellos, está donde el sol nace.

Está bien, dijo CABRACÁN,ea, tomad camino, no ha de ser así sino que tenemos de coger en medio de nosotros; uno irá a la mano derecha, y otro a la mano izquierda, porque llevamos nuestras cerbatanas, y si hubiere algún pájaro, le tiraremos, y así iban alegres tirando a los pájaros (y esto es advertir que cuando tiraban, no era barro el bodoque, sino que solo con el soplo derribaban los pájaros) e iba maravillado el CABRACÁN; entonces los muchachos sacaron fuego, y se pusieron a asar los pájaros en el fuego; y a un pájaro le untaron «TIZATE», tierra blanca le pusieron.

Este le daremos, dijeron ellos, porque venciéndolo, ha de caer en la tierra y en la tierra ha de ser enterrado, (es grande sabio el criador) cuando fueron sacadas a luz las criaturas:

esto dijeron ellos los dos muchachos; y entre sí dijeron: mucho deseó en su corazón comerlo CABRACÁN, y entonces le daban vueltas sobre el fuego al pájaro, y fuese sazonando; ya estaba amarrillo, y le chorreaba el pringue a los pájaros, y les salía el olor muy fragante, y el CABRACÁN estaba deseoso de comerlos, y la boca se le hacía agua, y la baba se le caía y la saliva por la fragancia, que de los pájaros salía.

¿Qué comida es esta vuestra? que de verdad es muy suave su olor que siento, dadme un poco. Esto dijo, y entonces se le fue dado un pájaro a CABRACÁN para su destrucción, y luego se acabó el pájaro, y entonces se fueron y llegaron al nacimiento del sol, adonde estaba aquel grande cerro,

y ya entonces el CABRACÁN estaba ya desmadejado, y no tenía fuerza en sus manos y pies por aquella tierra que le untaron al pájaro que comió, y ya no pudo hacer cosa alguna a los montes, ni pudo derribarlos, y entonces los muchachos le ataron las manos atrás, y también los pies, entre ambos a dos, y luego lo arrojaron al suelo, y lo enterraron, y así fue vencido CABRACÁN por solos HUN-AHPU y XBALANQUE.

No es posible contar las obras de estos muchachos aquí en la tierra.

DÉCIMO QUINTA REVELACIÓN

Mi Carmencita me enseñó el significado de este capítulo 15:

Comienza por consolidar la idea de los pares, o sea la **dicotomía del universo.**

Las células se transforman en virtud de la división interna que produce su reproducción.

Esta forma perpetua de reproducirse a sí misma es equivalente a la explicación del misterio que se encierra en el principio científico de **la recurrencia** de episodios que explican las repeticiones en la historia.

Luego, este capítulo 15 nos ofrece la figura conjunta de dos muchachos —como una alegoría al tiempo presente y al tiempo futuro a partir de esta revelación— como una metáfora que tendremos que traducir como representante de **nuestra generación ya revelada** (poseedora de esta revelación).

Se refiere al predicado «**nosotros en el ahora y aquí**», conocedores del significado del POPOL VUH por virtud de esta revelación.

Continúa la revelación 15 diciendo que:

- La genialidad política del presente y el futuro de nuestra **generación revelada** consiste en reorientarnos hacia el oriente (donde sale el sol) del territorio de Mesoamérica.

- Allí es donde está nuestro porvenir dichoso (donde vive nuestro sol).

Termina la revelación 15 enseñándonos a sacarle provecho máximo al deseo dominante de nuestros vecinos del occidente y del norte de Centroamérica:

- Comienzo desde Canadá y los Estados Unidos, advirtiendo que de súbito se pondrá en movimiento una multitud de gente desde allí con rumbo al medio continente del sur de las Américas.

- Será una marcha con rumbo al oriente de ellos o hacia el sur de ellos.

- Esto sucederá durante esta generación revelada.

El predicado «calidad de vida» es la razón de esta trashumancia masiva, porque aquellos territorios del norte y del occidente de Mesoamérica se van a despoblar debido a grandes sucesos.

Envenenamiento ambiental, envenenamiento atómico o una enfermedad epidémica se cuentan entre las probabilidades irreversibles que pudiera desatar el desplazamiento de norte a sur en el doble continente americano.

El paso por Mesoamérica estará regido por tres factores:

1. Como resultado de estas revelaciones, la gente vendrá en busca de **iluminación,** la cual podrán asumir los mesoamericanos de esta actual generación revelada.

2. Otros contingentes vendrán de paso buscando asentarse en el oriente de Mesoamérica (rumbo hacia Suramérica).

La generación revelada los va a atender en el territorio de Mesoamérica como un aprestamiento para que les vaya bien allá en Suramérica, que es hacia donde se dirigen.

Esta estadía en Mesoamérica puede durar siglos para algunos o puede ser fugaz para algotros.

La nueva ponderación del predicado «calidad de vida» («buena vida» es una definición indígena vigente en todas las Américas) buscará básicamente:

- aire respirable,

- agua potable,

- tierra arable.

3. Nosotros, como generación revelada, vamos a enterrar al CABRACÁN (símbolo de las malas prácticas consumistas que llevaron a colapsar el medioambiente en aquella masa continental del norte, símbolo dicotómico de la arrogancia del poder imperialista que habría sucumbido por un accidente histórico, grave e irreversible, el cual puede producirse como resultado de un derrame atómico, por envenenamiento por armas químicas o bacteriológicas).

Mesoamérica va a constituirse en la «bisagra del paso demográfico de norte a sur».

CAPÍTULO 16

Y ahora diremos el nombre del padre de HUN-AHPU Y XBALANQUE.

Muy oscuro fue su principio y mus oscuro lo que se dice y se parla de aquel HUN-AHPU y XBALANQUE, y así solo diremos la mitad de lo que hay que decir de su padre.

Y aquesto es lo que se parla: el nombre de sus padres de ellos es HUNAHPU (esto es uno un tirador de cerbatana) y así son llamados,

y los padres de este HUN-HUN-AHPU fueron XPUYACOC y XMUCANÉ, y estos nacieron en la oscuridad de la noche

(esto es antes que hubiera sol y luna, ni hubiese criado el hombre),

que fueron HUN- HUN-AHPU Y VUCUB-HUN-AHPU (siete en un tirador), y este HUN-HUN-AHPU tuvo dos hijos,

el uno que era el primero se llamaba HUN-BATZ (este es un hilado), y el segundo se llamaba HUN-CHOVEN (esto es uno que está en orden), y la madre de estos se llamaba XBAQUI-YALO (esto es, huesos atados) y esta era la mujer de HUN-HUN-AHPU.

Y el otro VUCUB-HUN-AHPU, no fue casado sino que se estuvo así nomás como muchacho.

Estos eran grandes sabios y adivinos y era mucha su sabiduría aquí en la tierra, y era muy buena su costumbre, y enseñó a sus hijos HUNBATZ y HUNCHOVEN el HUN-HUN. AHPU a tocar el calabazo, a cantar, a pintar, a entallar, a labrar piedras preciosas a plateros, y el HUN-HUN-AHPU solo jugando a los dados y la pelota, y este era su entretenimiento todos los días, y de dos en dos contendían, jugando otros cuatro, cuando se juntaron en el atrio, y allí venía el VOC (este es cierto pájaro) a mirarlos, que era el mensajero de HURACÁN, CHIPACACULHA y RAXA-CACULHA, y este VOC no estaba lejos de aquí de la tierra, ni lejos del infierno para él, y en un instante llegaba al cielo con el HURACÁN, y detuviéronse aquí sobre la tierra.

REVELACIÓN DÉCIMO SEXTA

Vamos a descifrar en términos de esta generación revelada (la generación del ahora y aquí) el contenido de este capítulo 16 (cómo entenderlo en clave del siglo 21).

Se trata de una revelación de la tribu de los sabios y adivinos de antes de que se quedaran a vivir en Mesoamérica, cuando vinieron huyendo de la gran helada.

Probablemente su origen se podría ubicar en las alturas de los actuales montes del Himalaya, entre India y China de ahora.

Ellos asumen la figura de los dos hermanos, HUN-BATZ y HUN-CHOVEN, para este fin narrativo.

Se definían ellos, los sabios y adivinos, como descendientes de la dinastía de HUN-HUN-AHPU y VUCUB- HUN-AHPU, descendientes de XPIYACOC y de XMUCANÉ, aquellos seres míticos surgidos del caos pregenético; seres espirituales, por lo tanto, todos ellos.

La fundadora del matriarcado de esta tribu de sabios y adivinos es XBAQUIYALO.

Nuestros sabios y adivinos son producto de la sociedad de poscazadores y posrrecolectores, poslegumbre-cultivadores y raíz-cultivadores. Por esta razón heredaron los conocimientos propios de un clan de príncipes sabios, que incluyen los oficios artísticos, musicales, de las artes plásticas y de la orfebrería.

Queda establecida la revelación que apunta a nuestra actual generación revelada del siglo 21, asumiendo el rol de HUN-AHPU y XBALANQUE a partir de recibir esta revelación 16.

Por lo tanto la sabiduría actual y futura en el oficio de zurcidores del mundo espiritual con el mundo material proviene de aquella tribu de sabios y adivinos que se quedaron a vivir en Mesoamérica, y que fueron consultados por los pueblos indígenas de ambas masas continentales americanas.

Esta mención acentúa nuestra percepción del plano espiritual, el cual transita en nuestra propia historia humana de forma paralela a nuestra materialidad.

El chamán moderno hace el rol de este VOC ahora.

CAPÍTULO 17

Y ya estaba muerto la madre de HUN-BATZ y de HUN-CHO-VEN, y ellos estaban jugando a la pelota en el camino del infierno, y entonces oyeron HUN-CAME, y VUCUB- CAME (esto es: un tomador y siete tomadores) que eran Señores del infierno.

¿Qué es aquello que se hace en la tierra, que están haciendo temblar y están haciendo ruido?

Vayan a llamarlos, aquí vengan a jugar a la pelota, ganémoslos, y destruyámoslos, porque no nos tienen respeto ni miedo, sino que están riñendo sobre nuestras cabezas.

Esto dijeron todos los del infierno, y luego tomaron consejo todos, y se llamaban HUN-CAME y VUCUB-CAME, y estos eran grandes jueces y todos los Señores que a estos asistían, y servían componían su reino de HUN -CAME y VUCUV-CAME, eran: XIQUIRIPAT (esto es: aquella angurilla voladora)

y CUCHUMAQUIC,

(esto es: sangre junta,)

y el oficio de estos es causar aquella sangre de que se enferman los hombres;

otros se llamaban AHAL-PUH

(esto es el que labra las materias),

y otro AHALSANA

(esto es, el que hace la aguadija).

Y este era su oficio: hinchar los hombres y darles materia en sus piernas y causarles amarillez en su rostro; y se llama esta enfermedad CHUZANAL, esto es amarillez, y este era el oficio de AHALPU y de AHALSANA;

y otro se llamaba CHAMIABAC

(vara de hueso)

y otro CHAMIAHOLOM

(vara de calavera).

Estos eran alguaciles del infierno, que solo eran huesos sus varas, y era su alguacilazgo enflaquecer a los hombres, y que sumamente hechos huesos y calaveras, muriesen, y solo tuviesen la barriga pegada al espinazo, y esto era el oficio de CHAMIABAC y de CHAMIA- HOLOM.

Otros se llamaban:

AHALMEZ

(el que hacía basura),

AHALTO-COB

(el que causaba miseria),

y su oficio era punzar a los hombres, y que le sucediese mal y muriesen boca abajo o a la puerta de la casa o detrás de ella;

y este era el Señorío de AHALMEZ y AHALTOCOB;

y otros se llamaban: XIC (gavilán)

PATAN (mecapal),

y su oficio de estos era las muertes repentinas de los que mueren por los caminos echando sangre por la boca, y cada uno su oficio era cargarlos y aporrearles el corazón, cuando morían por los caminos, y darles cursos de sangre y este era el oficio de XIC y de PATAN.

Estos fueron los del consejo, que deseaban los del infierno, era ver el juego de HUN-HUN-AHPU y de VUCUB- HUN-AHPU;

su rodela de cuero, con que reparaban la pelota, la pala, la argolla, la corona y el cerco de la cara, que eran los instrumentos con que jugaban, y se adornaban para el juego.

DÉCIMO SÉPTIMA REVELACIÓN

Para nosotros, en este siglo 21 queda descubierta esta interpretación revelada:

- El relato tiene la expresa intención de explicar la dualidad de un mundo espiritual, a la par del mundo materializado.

- La generación revelada (nosotros en este ahora y aquí) vamos a lograr visualizar ese mundo espiritual como una aptitud que se hereda en virtud de este conocimiento revelado aquí.

- Cada ser humano se compone de estas espiritualidades que conviven con él junto con sus materialidades orgánicas.

- Es ley cósmica (esotérica) que el ser humano logre una vida equilibrada entre sus componentes espirituales y corporales.

Por lo tanto, si sucede cualquier forma de desequilibrio entre el espíritu y el cuerpo, este fenómeno se hará visible en forma de una dolencia, enfermedad o daño del organismo.

El chamán moderno es agente de HURACÁN, y actúa como el VOC de esta era revelada.

Ya hemos explicado en revelaciones anteriores que el chamán logra desarrollar la capacidad de ver gamas cromáticas indescifrables para el resto de las personas. Es decir que captan la escala del infrarrojo y del ultravioleta, además de los otros colores «normales».

Lo mismo sucede con el tacto y con el olfato.

Estas ampliaciones sensoriales, sabemos que se alcanzan cuando el chamán llega al estado de trance o de éxtasis durante la auscultación del paciente.

El plan original de la creación del universo ha sido desde el principio que el ser humano goce del equilibrio entre su espíritu y su cuerpo de forma automática, y su armonía con el resto de esta creación del universo.

En este orden impuesto por los dioses buenos y creadores hay una oposición que se enseña en el relato, mostrando la corte espiritual opositora donde reinan HUN-CAME y VUCUB-CAME, ayudados por los otros señores del infierno.

En conclusión podemos entender que las enfermedades forman parte de un mundo espiritual paralelo a nuestro mundo material.

El chamán moderno logra «visualizar» estos espíritus infernales y de esta forma devuelve el equilibrio (la salud) al paciente, apacentando a los seres infernales por medio de ofrecerse como sacrificio a favor de su paciente.

«Yo menguo para que tú crezcas» es el principio medicinal del chamán.

El restablecimiento orgánico se logra con la medicina tradicional y, en donde cabe, con la ayuda de la medicina moderna.

Pero el restablecimiento espiritual es una ofrenda valiente a manera de sacrificio sacerdotal por parte del chamán.

Durante los más de doce años de formación chamanista, se aprende a reponer esas fuerzas espirituales que se han sacrificado a favor de sus pacientes.

La parte más importante de esta revelación 17 consiste en interpretar el deseo manifiesto de los seres infernales, de conocer el juego de HUN-HUN-AHPU y de VUCUB-HUN-AHPU (nosotros, los de esta generación revelada en el siglo 21, ahora somos como aquel juego de HUN-HUN-AHPU y de VUCUB- HUN- AHPU).

Nuestras estrategias del juego de la vida (nuestras decisiones, pues) son del interés de los seres espirituales opositores.

Al igual que la reposición de energía espiritual sacrificada por el chamán, nosotros también vamos a poder conocer las formas secretas para establecer estrategias del juego de la vida consistentes en la toma de mejores decisiones, inalcanzables e indestructibles por parte de los del infierno.

CAPÍTULO 18

Y ahora contaremos su ida al infierno.

Y sus hijos HUN-BATZ y CHOVEN se quedaron acá, y su madre era muerta; pero esto fue después de ser vencidos el HUN-BATZ y HUN-CHOVEN por IIUN-AHPU y XBALAN-QUE.

Y luego fue la venida de los mensajeros de HUN-CAME y VUCUB- CAME.

Andad, les dijeron, vosotros Señores Principales, id a llamar a HUN-HUN-AHPU y a VUCUB-HUN-AHPU, y decidles que vengan acá con nosotros, y decidles que dicen los Señores, que vengan a jugar acá, que nos vengan a divertir, porque de verdad nos maravillan sus cosas, y así que vengan, que lo dicen los Señores, y que traigan todos los instrumentos de su juego: la pala, la argolla, y que traigan también el HULE o PELOTA; decidles que lo dicen los Señores.

Así les fue dicho a los mensajeros; y los mensajeros eran:

un tecolote y

una saeta tecolote,

un tecolote de una pierna,

y una huacamaya-tecolote.

Y un tecolote cabeza;

y estos eran los nombres de los mensajeros del infierno:

este que se llamaba SAETA TECOLOTE, era como una flecha; y estaba alerta;

el que se llamaba DE UNA PIERNA, solo una tenía y tenía alas;

el que se llamaba HUACAMAYA-TECOLOTE, tenía colorada la espalda, y tenía alas;

el que se llamaba CABEZA DE TECOLOTE, no tenía más que la cabeza, no tenía pies, sino solo alas.

Estos cuatro mensajeros eran Señores Principales; luego vinieron al mensaje desde el infierno, y en un instante llegaron derechos al atrio, donde estaban jugando a la pelota HUN-HUN-AHPU y VUCUB-HUN-AHPU, y el atrio se llamaba NIM-XOB-CARCACH.

Y los cuatro tecolotes envidos dieron su mensaje y emba-
jada de HUN-CAME y de VUCUB-CAME, de APALPUH,

AHALCAMIA, de CHAMIABAC

y CHAMIA-HOLOM,

XIQUIPARAT,

CUCHUMAQUIC

y AHALMEZ,

AAHALTOCOB

y XIC

y PATAN;

y estos eran los nombres de ellos.

Y habiendo dado el recado, dijeron ellos:

¿Por ventura, es así que lo dice el Señor CAME y VUCUB-
CAME?

Es cierto, dijeron ellos.

¿Y vosotros os hemos de acompañar?

Traed todos los instrumentos, que así lo dicen los Señores.

Está bien, dijeron ellos; aguardadnos mientras vamos a
avisar a nuestra madre; y entonces se fueron a su casa, y
le dijeron a su madre, porque ya estaba muerto su padre:

Madre, nosotros vamos, pero en vano ha de ser nuestra ida; vino el mensajero de los Señores por nosotros, que dicen los Señores que vamos.

Este hule o pelota lo fueron a colgar en el tabanco de la casa, y en volviendo, dijeron: volveremos a jugar.

Y sus hijos HUN-BATZ y HUN-CHOVEN les dijeron:

vosotros solos entreteneos en tocar la flauta, en cantar, en pintar, en labrar esculturas: estaos aquí, calentad nuestra casa, y calentad el corazón de vuestra abuela, y avisando esto, estaba muy tierno el corazón de su madre XMUCANÉ y lloraba.

Ea, no llores, no te aflijas, le dijeron; nosotros vamos, no moriremos; y entonces se fueron HUN-HUN-AHPU y VU-CUB-HUN-AHPU.

DÉCIMO OCTAVA REVELACIÓN

Mi Carmencita nos explica el **misterio de la muerte** y del **derecho sucesoral maya** en esta revelación 18.

Entender que el POPOL VUH es un libro para la vida, aunque la muerte sea una parte implícita en la existencia, se convierte en el propósito de esta revelación.

Por consiguiente, **el árbol de la vida** se separa desde el cuello de la raíz hacia la vida, que parte desde el tallo hacia el cielo, y baja desde la raíz, que se hunde hacia las tinieblas del infierno.

La vida es compartida con los dioses buenos.

Y la muerte es compartida con los señores del infierno.

La muerte es un componente de la vida, aunque lleva un signo negativo.

La muerte, al ser un paso natural de regreso a la tierra-madre, y por su signo siniestro, triste y doloroso, se vale de los mensajeros para disponer a los humanos para ese viaje sin retorno.

La elección chamanística del tecolote para transfigurar ese rol de mensajeros del infierno se debe a las tradiciones que han supervivido en la explicación teológica asumida por los protomayas, originarios del Himalaya.

Los cuatro mensajeros de los señores del infierno:

el infortunio,

la calamidad,

el desastre

y la tristeza,

son referidos en este relato como equivalentes hoy en día a los síntomas de los pacientes que buscan al chamán.

El atrio donde jugaban los dos muchachos aquí recibe el nombre de NIM-XOB-CARCHAC, y equivale hoy en día al estado de salud plena que gozamos cuando estamos sanos.

El juego de pelota equivale hoy en día a la forma y estilo de vida que escogemos llevar, y de esta forma y estilo depende a su vez nuestro estado de salud o de enfermedad.

Estamos invitados por los señores HUN-CAME y VU-CUB-CAME para ser examinados espiritualmente.

Estos señores del infortunio, la calamidad, el desastre y la tristeza son mencionados en el relato como potestades malignas capaces de influenciarnos para una forma y estilo de vida que nos produzcan el estado de enfermos espirituales.

La despedida de los dos muchachos contiene tres partes:

1.- La colocación estratégica de sus reservas morales, consignadas en el relato como **el hule** o **pelota** que pusieron en el tabanco de su casa.

2.- La recomendación a sus hijos HUN-BATZ y HUN-CHOVEN de que se dedicasen a la cultura (tocar flauta, cantar y pintar la casa).

Se nos recuerda que la cultura es una ocupación para tiempos normales y no para el tiempo de ocio; y equivale aquí a las medidas de fortalecimiento espiritual mientras estemos sanos.

3.- La despedida de la madre con la promesa de regresar vivos aquí equivale a la inmortalidad del espíritu.

Mi Carmencita me suplicó que revelara al mundo estas equivalencias de significado del POPOL VUH para la humanidad entera y no solo para los mesoamericanos espirituales.

CAPÍTULO 19

Y luego que se fueron HUN-HUN-AHPU y VUCUB-HUN-AHPU, tomaron la delantera los mensajeros, y luego bajaron por el camino del infierno, que tenía las gradas muy ladeadas, y bajaron, y cuando salieron llegaron al agua violenta, que era una barranca muy angosta que se llamaba FUERTE BARRANCA, y pasando de allí al agua que se trueca, y pasaron a donde todo era palos puntiagudos, y no se hirieron a la orilla de un río que era de sangre, y no bebieron en río, ni pudieron ser vencidos, sino que pasaron y llegaron a un camino que se dividía en cuatro caminos, y allí fueron vencidos en la encrucijada.

Uno era colorado,

otro negro,

otro blanco,

y el otro era amarillo,

y viéndose perplejos, habló el camino negro:

a mí me habéis de tomar, porque yo soy el Camino de los Señores.

Y allí fueron ganados, y siguiendo este camino, llegaron a los tronos de los Señores del Infierno, y allí fueron ganados.

El primero que estaba sentado, era un hombre labrado y compuesto por los del Infierno, y a éste fue el primero que saludaron, y le dijeron:

¿está en buena hora el Señor HUN-CAME, está muy bien el Señor VUCUB-CAME?

Pero no les respondieron.

Y luego empezaron los Señores del Infierno a hacer gran ruido, riéndose, y otra vez volvieron a hacer rudo riéndose todos los Señores, porque fueron ganados, y en su corazón ya los tenían vencidos a HUN-HUN-AHPU y VUCUB-HUN-AHPU, y se rieron. Y luego HUN-CAME y VUCUB-CAME les dijeron: está bien, ya vinisteis, mañana aderezad la argolla, la pala, y lo demás: ahora venid, y sentaos en nuestro banco; y el banco era de piedra ardiente, y sentándose se quemaron en el asiento, y andaban dándose vueltas, y no se levantaron y se andaban meneando, y se les quemaron las asentaderas, y luego se volvieron a reir los del infierno, y ya espiraban de la risa, y les dolían ya las entrañas de reír y estaban ya que reventaban de sangre, y se les salían los huesos a todos los Señores del Infierno de risa.

REVELACIÓN DECIMONONA

Nos revela mi Carmencita que este episodio del POPOL VUH se refiere a las relaciones espirituales, enfatizando que «lo espiritual» es terreno de los dioses y lo material corresponde a los seres humanos y a la naturaleza.

Es de entenderse en clave del tercer milenio y siglo 21, que las alegorías aquí hay que descifrarlas de manera atomizada, apartándose de una visión conjunta y enfocando la intención didáctica en cada mensajero por separado.

Todos los seres humanos estamos invitados «a jugar nuestro propio juego de pelota», es decir: nuestro estado singular de vida, nuestro estilo de vida, y todo bajo el escrutinio de los dioses del inframundo.

Los dioses del inframundo quieren arrebatarnos la participación nuestra en el equipo de los dioses del cielo.

Al significado de los mensajeros que se adelantan en el camino hacia esta convocatoria, aquí se les da la equivalencia de los síntomas o quebrantos de salud que indican al chamán el desequilibrio del paciente entre su espíritu y su organismo (la enfermedad como la antesala de la muerte).

El agua en este relato es como de una correntada similar a la que se forma después de una tormenta, y el agua era de sangre, pues significa la vida vegetativa del paciente, con la sinfonía de sus órganos vitales.

Las trampas del diagnóstico se pintan en los palos puntiagudos, ya que un dolor, picazón, ardor o malestar ubicados en el paciente de forma aparente en cualquiera de sus órganos, con seguridad también estará afectando a otros órganos donde el paciente no ubica su malestar. El caso del dolor de espalda (que no proviene de la espalda).

El hincapié aquí es recordar que el desequilibrio entre espíritu y organismo tiene manifestaciones dudosas debido a la interdependencia de los componentes espirituales —por un lado— y de los órganos —por el otro lado—.

La encrucijada cuádruple nos muestra cuatro diferentes caminos que llevan, todos, al infierno.

El camino colorado corresponde a la prepotencia en todas sus manifestaciones.

El camino negro corresponde al desconocimiento o ignorancia, y es pariente de la sencillez confiada.

El camino blanco corresponde al de las buenas intenciones sin base real, normalmente nacidas del impulso romántico de que si uno es bueno, entonces los demás también serán bondadosos con nosotros.

Y el camino amarillo corresponde al de la contaminación con enfermedades contraídas por contagio.

Mi Carmencita me pidió especialmente aclararles el término de «ser ganados» que usa la narración:

- Ella nos revela que el camino al infierno es una apuesta permanente frente a todas las pruebas de la vida, y significa simplemente que los dioses del infierno están exentos de responsabilidad frente a la toma de decisiones de nosotros, los seres humanos.

- El libre albedrío es una responsabilidad individual de cara a las consecuencias de nuestras decisiones.

- El hombre labrado y compuesto por los del infierno significa el primer pensamiento del ser humano frente a la sospecha de que su espíritu se encuentra en desequilibrio con su organismo.

Aquí se nos previene de la equivocación humana de «saludar equivocadamente», pensando que se trataba de uno de los señores.

Esta es una trampa mortal que no cambia con el pasar de los siglos.

La risa y los grandes ruidos de contento de los señores del infierno cuando caemos en su trampa significan claramente que cualquier síntoma de malestar debería de ser suficiente alarma como para consultar con el chamán, pues cuanto más nos tardemos en pedir asesoría del chamán, más grave será la sumisión del ser humano frente a los señores del infierno.

Estamos obligados a un protocolo que nos prohíbe —inhibe, incapacita— mostrarnos en rebeldía contra los señores del infierno, toda vez que estemos ya ubicados en el inframundo.

Toda y cualquier tipo de oposición nuestra solo será posible si estamos sanos.

La tarea principal del chamán es intervenir antes de que lleguemos hasta el infierno.

La tarea secundaria es la de intervenir aún y cuando ya estemos en el infierno.

Esta segunda esfera de actuación del chamán está indicada en la invitación a prepararse para un mañana en donde vamos a jugar nuestro propio juego, al estilo propio.

El compás de espera entre el llegar hoy (antes de jugar nuestro propio juego) y jugarlo mañana (en el futuro inmediato), es un espacio que tiene el chamán a su disposición para intervenir en el tratamiento del paciente.

CAPÍTULO 20

Ea andad, les dijeron, a aquella casa, que allí se llevará vuestro ocote y luego se fueron a la casa de la obscuridad, donde solo había obscuridad en aquella casa;

OCOTE: (sinónimo de pino) se usa en Mesoamérica para toda la familia; una derivación de OCOTE es OCOTAL, o selva de pinos. «El OCOTE es la candela del indio» me dijo una vez un anciano indígena esforzándose a esclarecer nuestro vivac obscuro en las cordilleras con un pedazo de « OCOTE» (acotación del Dr. C. Scherzer, en la Edición de Viena, 1857).

Y entonces discurrieron los Señores del infierno, de lo que debían hacer, y lo que pensaron fue el despedazarlos mañana luego.

Luego morirán por aquel su fuego y por su pelota, esto trataron entre sí y el ocote de ellos, era de unas piedras de que se hacen navajas, que se llama SAQUITOC (aguda punzadera) y estaba puntiagudo y aguzado el ocote.

Y era muy duro el ocote de los del infierno, y entraron HUNHUN-AHPU y VUCUB-AHUN-AHPU dentro de aquella obscura casa, entonces les fueron a dar su ocote; solo un ocote encendido fue el que les enviaron HUN-CAME y VUCUB-CAME y juntamente dos tabacos o cigarros fue lo que enviaron los Señores, y lo que les dieron a HUN-HUN-AHPU y VUCUBHUN-AHPU.

Y cuando llegaron los que llevaban el ocote, estaban doblados y encogidos en la obscuridad, y entró brillando el ocote:

Encended el cigarro, dicen los Señores, mañana los habéis de volver con el ocote sin que se acabe; esto es lo que dicen los Señores, y allí fueron ganados porque acabaron el ocote y el tabaco que les dieron.

Muchos eran los castigos que tenían los del infierno, y muchas diferencias de castigos:

el primero era aquella CASA OBSCURA, donde solo había obscuridad;

el segundo era y se llamaba CASA DONDE SE ARRODILLABAN, donde solo había mucho frío, de muy intolerable e insoportable frío;

el tercero era casa DE TIGRES, donde solo había tigres, donde apenas se podían rebullir, allí se estrujaban y se mordían;

la cuarta era CASA DE MURCIÉLAGOScasa, donde solo había murciélagos, donde estaban chillando y volando encerrados, sin poder salir;

el quinto era CASA DE NAVAJAS DE CHALLE donde solo había de estas navajas de muy agudos filos, que estaban haciendo ruido, refregándose unas a otras.

Muchos eran los castigos del infierno, mas no entraron en ellos HUN-HUN-AHPU y VUCUB-HUN-AHPU; después se dirá de estos castigos.

Y entrando el HUN-HUN-AHPU y VUCUB-IIUN-AHPU delante de HUN-CAME y VUCUB-CAME, les dijeron:

¿adónde está el tabaco y el ocote que anoche os dieron?

Respondieron: Señor, lo acabamos.

Está bien, dijeron HUN-CAME y VUCUB-CAME, ya se cumplieron vuestros días, moriréis, y seréis acabados, aquí seréis arrebatados, y quedarán vuestras caras aquí ocultas.

Y entonces fueron despedazados, y los enterraron donde echaban la ceniza, y le fue cortada la cabeza a HUN-HUN-AHPU, y solo enterraron el cuerpo con el otro su hermano.

Y entonces HUN-CAME y VUCUB-CAME mandaron que la pusiesen en un horcón de un palo en el camino, y entonces la pusieron la cabeza en un horcón, y entonces fructificó aquel palo que antes no tenía fruto, antes que le pusiesen la cabeza de HUN-HUN-AHPU en el horcón;

y lo que fructificó, es lo que ahora llamamos JÍCARAS, (Crescentia), la cabeza de HUN-HUN-AHPU.

Y al ver esto, HUN-CAME y VUCUB-CAME se maravillaron de ver el fruto del árbol, que por todas partes estaba de aquel fruto redondo, y luego no se pudo saber donde estaba la cabeza de HUN-HUN-AHPU, sino que se había todo hecho una misma cosa con las jícaras, y así les parecía a la vista a todos los del infierno, cuando iban a divertirse.

En mucha estimación lo tuvieron aquel árbol porque en un instante fue hecho, cuando pusieron la cabeza de HUN-HUN-AHPU en el horcón, y dijeron unos a otros:

no cojan de esta fruta, ni se pongan debajo del árbol;

así lo dispusieron y determinaron todos los del infierno, y no se veía donde estaba la cabeza de HUN-HUN-AHPU, porque se había hecho una misma cosa con las jícaras, y esta maravilla lo oyó una doncella; ahora diremos como fue allá.

VIGÉSIMA REVELACIÓN

Nosotros, la generación revelada, es decir, en el siglo 21, nosotros somos los que hemos de descifrar este capítulo 20 advirtiendo su contenido histórico dispuesto por aquel pueblo itinerante y originario que guardó estos conocimientos de su tierra de origen, la cual la hemos de ubicar en la zona de impacto del Himalaya.

La descripción histórica comienza mencionando los castigos dispuestos en **las casas** que se aluden.

«La casa de la oscuridad» nos refiere un largo período de oscuridad global, probablemente por efecto de múltiples volcanes extraordinarios en erupción simultánea, cuyas cenizas cubrieron el planeta y lo oscurecieron durante muchos años.

Esta fue la era de la gran helada, cuando dos tercios del planeta se congelaron.

Al descongelarse el planeta, entramos en la era que aquí se designa como **«casa donde se arrodillaban»,** aludiendo a la altura de las rodillas como la clásica forma de hundirse en el lodo del permafrost, y que comúnmente llegaba hasta las rodillas de los seres humanos.

Estas civilizaciones o culturas aprendieron a usar los bloques de tierra pantanosa para hacer fuego (*turf*) ya que se menciona con bastante severidad que el ambiente era muy frío. Tenemos que aclarar que la flora había perecido y se encontraba ya transformada en tierra pantanosa, aunque era combustible.

La humanidad entró luego a la siguiente era, que aquí se menciona como «la casa de los tigres», aludiendo a la proliferación infinita de todos los tigres, en una inmensa variedad.

Esta transición, saliendo del empantanamiento posterior a las grandes heladas mundiales, nos quiere dar la pista de un repoblamiento de las sabanas con una fauna menor que alimentaba a las grandes familias de felinos.

Pasados estos miles de años, en cada era de las etapas ya mencionadas, el planeta se comenzó a regenerar, y esto es lo que nos quiere decir «la casa de los murciélagos». Hay que saber lo que nos quiere decir que fue una etapa histórica súbita, repentina, del resurgimiento de los insectos (que son el alimento de los murciélagos).

Finalmente se hace mención de «la casa de las navajas» para referirnos a la era del descubrimiento (¿redescubrimiento?), de la capacidad humana para manufacturar herramientas y ser más eficientes en las tareas de la seguridad alimenticia.

De forma paralela a la alusión cronológica de la humanidad, en este mismo capítulo 20 encontramos las siguientes revelaciones que nos ha heredado mi Carmencita:

- El relato nos habla de una predeterminación de los señores espirituales, ya que desde el principio mandan a los dos hermanos a la casa de la oscuridad disponiendo de antemano que han de morir despedazados, sin importar lo que intenten (principio del fatalismo).

- No hay libre albedrío del ser humano frente al poder espiritual.

- La explicación esotérica del ocote y del tabaco nos habla del inmenso efecto positivo de un carácter igualmente positivo. Ha de bastar la más leve chispa en medio de la más densa oscuridad para que la sombra ceda espacio a la luz.

- *A contrario sensu*, la luz más fuerte no será capaz de sobreponer la oscuridad de un planeta oscurecido de esta manera. El efecto mortal de la oscuridad es irreversible en la flora y la fauna débiles, y únicamente sobreviven las especies más adaptables. Aunque no sean las más fuertes.

La suerte premeditada por la pareja de los señores del infierno es un aviso para nosotros en el siglo 21, y nos habla de un efecto devastador para la existencia de los seres humanos, por su fragilidad de cara a la fuerza de la naturaleza, cuando se produce un desequilibrio ambiental de alcance global.

La esperanza de supervivencia detrás de estos desequilibrios de la naturaleza queda en manos de la Providencia, que en el relato se muestra de forma mágica con la figura antropofloral de una calavera simbiótica con un fruto.

De esta especie de árbol de jícaras se dice que no había dado frutos antes de esta salvación providencial y mágica, con lo cual hemos de entender que siempre habrá una esperanza de salvación dispuesta por las fuerzas espirituales que nos protegen.

La capacidad de asombro de las fuerzas de la **mala suerte** no impide que esas fuerzas cumplan con sus propósitos de enemistad con la humanidad.

Ese asombro de las fuerzas de la mala suerte **no** es sinónimo de simpatía.

El relato termina avisándonos que entramos esotéricamente al plano espiritual esperanzador que está contenido en la misma continuidad y pervivencia de la raza humana.

Esta seguridad es la que queda revelada en el remate de esta narración.

CAPÍTULO 21

Aquí se trata de una doncella, hija de un Señor que se llama CUCHUMAQUIC.

Oyendo pues una doncella, hija de un Señor que se llamaba CUCHUMAQUIC y ella XQUIC (sangre), la conversación de su padre sobre haber fructificado aquel árbol, maravillad de lo que oía, dijo:

¿Porqué no iré a ver este árbol que se cuenta?

Porque de verdad es cosa muy dulce y suave esto que dicen y yo oigo.

Y luego se fue sola, y llegó debajo del árbol que estaba enfrente de donde echaban la ceniza, y maravillada, dijo:

¡qué hermosa fruta y qué hermosamente fructifica este árbol!

No me moriré ni me acabaré si yo cojo una de estas frutas.

Y entonces habló la calavera que estaba en las cruces del árbol, y dijo:

 ¿qué es lo que deseas?

Solo es hueso, eso que está redondo en las ramas del árbol,

¿esto, le dijo a la doncella, por ventura lo deseas?

Lo deseo, dijo la doncella.

Está bien, pues extiende tu mano derecha, dijo la calavera.

Bien, dijo la doncella, y extendió la mano derecha para arriba delante de la calavera, y luego echó la calavera un chisguete de saliva, y vino derecho a la mano de la doncella, y luego a toda prisa mirose la palma de la mano, y ya no había saliva de la calavera en la mano.

Te he dado, dijo la calavera, señal en mi saliva y mi baba; esta mi cabeza ya no responderá porque es de hueso, y no tiene ya carne, y así mismo es la cabeza de cualquier Señor, y solo por la carne se adorna; y en muriendo, se asombran los hombres por la calavera, y así sus hijos son como la saliva y su baba, si son hijos de Señor Sabio y Entendido, no se pierde, ni se apaga el ser de Señor Entendido o Sabio, sino que se hereda en sus hijos y en sus hijas, cuando los engendra, y así lo he hecho contigo, y así subid allá la tierra, que no morirás; concurrid a la palabra cuando sea hecha.

Esto dijo la cabeza de HUN-HUN-AHPU y de VUCUB-HUN-AHPU, y esto fue la sabiduría y mandato de HURACÁN,

de CHIPA-CACULHA

y RAXA-CACULHA,

y por su mandato lo hicieron, y así se volvió la doncella a su casa, habiéndose dicho muchas cosas y mandatos.

Y luego concibió y fueron concebidos hijos e hijas en su vientre, por aquella que solo era saliva; los que fueron engendrados, fueron HUN-HUN-AHPU y XBALANQUE, y habiéndose vuelto a su casa la doncella y habiendo ajustado los seis meses, fue reparado por su padre CUCHUMAQUIC.

Y luego fue sentida la preñez por su padre de la doncella, y que tenía un hijo, se juntaron a Cabildo los Señores HUN-CAME, VUCUB-CAME con CUCHUMAQUIC, y dijo: esta mi hija está preñada, Señores, y esto ha procedido de su deshonestidad y fornicio, esto dijo CUCHUMAQUIC cuando compareció ante los Señores.

Está bien, dijeron: oprimidla y que declare y se verá lo que dice, y la llevarán lejos a matarla.

Está bien, Señores, dijo él, y luego le preguntó a su hija,

¿de quién es ese hijo que tienes en la barriga?

Y dijo ella, no tengo hijo, Señor padre, aún no he conocido varón.

Está bien, dijo él, tú eres fornicaria;

ea, andad, vosotros Señores principales, andad y sacrificadla, y traed su corazón en una jícara; esto les mandó a los tecolotes que eran cuatro.

Y luego fueron y tomaron una jícara, y se fueron llevándola cargada, y también llevaban una cuchilla aguda para rebanarla; y entonces ella les dijo: no me matéis, mensajeros, porque no soy fornicaria, sino que solamente se engendró lo que tengo en la barriga; lo que me sucedió fue que me fui a divertirme, y ver aquel prodigio de la cabeza de HUN-HUN-AHPU que está en el cenicero; y así no me matéis, mensajeros.

Y respondieron ellos:

¿pues qué hemos de llevar en lugar de tu corazón en la jícara?

¿No nos mandaron los Señores que en esta jícara les llevaremos tu corazón, así no nos mandaron?

Bien quisiéramos nosotros librarte.

Está bien, dijo ella, no es de ellos este corazón, y vuestra cosa no será aquí, sino que haréis fuerza a los hombres que mueran, y de verdad, ese será vuestro ser, ser engañadores; luego será mío HUN-CAME y VUCUB-CAME, y solo será de ellos la sangre y las calaveras, esto será solo de ellos en su presencia;

este corazón, no será quemado delante de ellos;

poned en la jícara el fruto de ese árbol, dijo la doncella, y el humor de aquel árbol era colorado.

Y saliendo el humor, lo cogieron en la jícara y luego se congeló.

Y se hizo redondo, y se puso en lugar del corazón, y era como sangre su humor, que puso en lugar de sangre, y entonces sacaron aquella sangre del humor del palo, y fuñe hecho como sangre, y muy colorado estuvo después de sacado en la tierra, y entonces resplandeció aquel palo por la doncella, y este palo se llama GRANAPALO COLORADO, y se llama sangre y por ella fue llamado SANGRE.

Allá en la tierra tendréis cosa vuestra, y seréis regalados, les dijo la doncella a los tecolotes.

VIGÉSIMO PRIMERA REVELACIÓN

En esta revelación, los taitas dispusieron un discurso que si bien es de suprema importancia para la cultura y la religión chamánica maya, también lo es para toda la humanidad, ya que explica la transformación desde una economía de los cazadores hacia otra, la economía de los cultivadores.

Nada más —ni menos— que el paso cultural del nomadismo al sedentarismo.

El discurso dispuesto por los taitas cuenta aquí que los dioses masculinos, introducidos por la sociedad maya masculina —en virtud de la economía de los cazadores—, comenzó a compartir con las deidades femeninas, transformando la sociedad masculina y sus dioses, igualmente masculinos, en una sociedad de matriarcados.

Este capítulo 21 es una evocación de aquel cambio.

La sociedad matriarcal vuelve sedentaria la vida de las tribus, y son las mujeres las encargadas de la gran tarea de la domesticación de las primeras plantas cultivables.

Surgen:

- la civilización del trigo en Mesopotamia,
- la civilización del arroz en Asia,

- la civilización del sorgo en África,

- la civilización de la papa en Suramérica, y

- la civilización del maíz en Mesoamérica.

En consecuencia, los hombres, que anteriormente se dedicaban a la cacería como fuente económica de la tribu, ahora pasaban a gozar de tiempo libre dentro de la sociedad sedentaria matriarcal, y así es como surgió la artesanía y, de esta, las artes.

Con sacerdotisas, juezas y princesas dedicadas a la administración de la tribu, surgieron los motivos para la producción de objetos que satisfacen los sentidos y mejoran el estilo de vida, y se organizaron los modelos del intercambio con la creación de los tiangues (mercados populares).

La religión continuó adorando al sol como dios principal, ya junto al culto a la luna y a Venus.

Esto tuvo un efecto litúrgico muy profundo debido a que se crearon los calendarios agrícolas basados en la luna y en Venus.

La singularidad que nos revela mi Carmencita es la introducción del culto secreto basado en el calendario de ceremonias secretas de los mayas, orientado por el calendario de la estrella Antares.

Se declara como dato reservado al chamanismo matriarcal el calendario de Antares, que determina los momentos litúrgicos.

Del juego de días coincidentes y cercanos entre los calendarios solar, lunar y venusino con relación al calendario de

Antares, se dan unas fechas que orientan las ceremonias secretas de los mayas.

El once de luna —por ejemplo, explica mi Carmencita— son los días propicios para diversas operaciones de la economía sedentaria.

Once días antes y once días después de la luna nueva, ha de compararse la posición astronómica de Antares.

La escuela de chamanes dura generalmente doce años de estudios chamánicos y gira alrededor de estos calendarios astronómicos.

El chamán ha de colocarse en su entorno (es decir, donde reside), de tal manera que estos astros se puedan observar encima de algunas alturas relevantes, en las lomas y volcanes cercanas y a la vista desde su casa.

Esto puede ser también en una roca o sima (hondonada), y a veces en un árbol «mágico» (de los que se conoce que son tan longevos que traspasan la duración de la vida del chamán. Por lo general se habla de árboles centenarios).

Esto es arbitrario para cada chamán hoy en día, y se escogen estos hitos del paisaje para facilitar la carga mágicas de las fechas que solo conoce el chamán y que solo él o ella puede divulgar a su pueblo.

Las juezas-chamanes introdujeron enormes cambios éticos al modelo patriarcal de la era de los cazadores, que pasaba a ser una clave pretérita.

Sabemos que el juego de pelota era una variante de Justicia, y los prisioneros de guerra eran ofrecidos como sacrificio mágico. Los valores, competencias y destrezas del sacrificado deberían traspasarse hacia los guerreros y cazadores de la tribu triunfante.

El matriarcado excluyó las motivaciones mezquinas de los guerreros triunfadores, como por ejemplo la venganza o la viudez de princesas, y logró que se entendiese **como un gran privilegio** el participar en el juego de pelota (juego ceremonial y de victimación del perdedor).

Del manejo de fibras blandas —sobre todo para los textiles— y de fibras duras —para la cestería—, se evolucionó hacia la alfarería utilitaria, usando los patrones tridimensionales de la cestería.

La producción de objetos burdos quedó en manos de los artesanos masculinos y todo lo que es fino se lo adjudicaron a las manos femeninas o a los artistas masculinos con manos finas.

Es necesario comprender este mensaje en sus múltiples dimensiones debido a que el POPOL VUH entero se va a entender a condición de primero entender el contenido histórico mundial, histórico maya y el contenido religioso mundial junto al contenido religioso maya.

De la misma importancia, me dijo mi Carmencita que procediera yo a revelarles a ustedes como **generación revelada *tercermilénica*** (generación actual, pues), la enorme importancia de estos cambios profundos en los modelos económicos de la humanidad, poniendo énfasis de mi parte, ante ustedes, en guiar su atención muy comedidamente hacia el impacto sicosocial en las estructuras socioeconómicas que están inmersas en este tipo de transformaciones históricas.

El cambio climático, dice mi Carmencita que viene a servir de terreno abonado para la reinstauración de modelos matriarcales hacia el futuro de la humanidad.

Según mi Carmencita, este siglo 21 va a crear muchos conflictos pequeños y medianos en los cuales la población masculina va a disminuir, dejando una población mundial mayoritaria de mujeres.

Los luchas por los recursos tales como el agua y las fuentes energéticas, las tierras arables y los reasentamientos costeros, no van a desembocar en guerras totales, como en 1914-1918 y en 1939-1945; sino que la humanidad va a entrar en un sano proceso de selección natural en el que van a sobrevivir las mujeres por encima del número de supervivientes masculinos, ya en números absolutos así como en la calidad del liderazgo.

El tercer milenio va a ser de un matriarcado que se va a gestar de este siglo 21 en adelante.

CAPÍTULO 22

Está bien, doncella, dijeron ellos.

Iremos a llevar esto, y tú anda, vete, que nosotros vamos a dar este tu trueque de tu corazón a los Señores, dijeron los tecolotes.

Y luego que llegaron a la presencia de los Señores, que estaban aguardando todos,

¿Por ventura, ya se concluyó? Dijeron HUN-CAME y VU-CUB-CAME.

Ya se concluyó, Señores, dijeron ellos, aquí está su corazón en el asiento de esta jícara.

Está bien, veamos, dijeron HUN-CAME y VUCUB-CAME, y cogiéndolo con los tres dedos, lo levantó para arriba, chorreaba la sangre, y estaba muy colorado de la sangre; atizad muy bien el fuego y ponedlo sobre el fuego, dijo HUN-CAME, y luego que lo secaron sobre el fuego, sintieron los del infierno la fragancia y se levantaron todos, y estuvieron como embelesados sobre él.

De verdad era cosa muy suave lo que sintieron del humo de la sangre, y luego cuando se fueron admirados el tecolote y los demás que habían llevado a la doncella: con aquella apariencia fueron deslumbrados todos.

VIGÉSIMO SEGUNDA REVELACIÓN

Aquí tenemos una clave del POPOL VUH que los chamanes usan para explicar la importancia de domesticar las plantas.

Se trata de un recordatorio sobre la transición desde una economía basada en los recolectores de frutos hacia la recolección selectiva de otros vegetales como producto de la observación del comportamiento de los animales salvajes que prefieren determinadas plantas.

De un período de fruto-colectores se pasó al plano superior de vegeto-colectores.

Un paso superior ya se destaca en la limpieza de plantas concurrentes con las seleccionadas en esta recolección de verduras, y desde entonces se pasaría al descubrimiento de los tubérculos alimenticios como la yuca, la papa y el boniato.

De la domesticación de la raíz de la planta de yuca ha de comenzar un rito memorial de los muertos que va a imitar la forma de resembrar la yuca, que consiste en enterrarla acostada.

La domesticación de la papa marcará el inicio de la cultura de la papa.

CAPÍTULO 23

Y estaba la madre de HUN-BATZ y HUN-CHOVEN cuando llegó la mujer que se llamaba XQUIC, entonces llegó la mujer llamada XQUIC con la madre de HUN-BATZ y HUN-CHOVEN y actualmente estaba preñada, y le faltaban para nacer a HUN-AHPU y XBALANQUEA, que así se llamaban, y llegando esta mujer a la vieja le dijo la mujer XQUIC:

he venido, Señora madre, que soy tu nuera, y tu hija pequeña, esto dijo, cuando llegó a la vieja.

¿De dónde vienes, por ventura viven mis hijos; no murieron allá en el infierno?

¿Los que eran descendencia mía, llamados HUN-BATZ y HUN-CHOVEN, no están aquí?

¿De dónde vienes?

¡Sal de aquí ¡

le fue dicho a la doncella por la vieja.

Solo esto es verdad, que soy tu nuera, y soy de HUN-HUN-AHPU y esto que traigo; viven, no han muerto

HUN- HUN-AHPU y VUCUB-HUN-AHPU, y solo ha sido sentencia de si mismos en claridad, lo que han hecho, Señora suegra, y así volverá Usted a verlos, en lo que yo traigo, le fue dicho a la vieja.

Y entonces por esto se enojaron HUN-BATZ y HUN-CHOVEN, que solo entendían de tocar flautas y cantar, en pintar y hacer obras de talla todo el día, y eran el consuelo de la vieja, quien dijo:

de ningún modo quiero que seas mi nuera, porque es de fornicio, eso que tienes en tu vientre:

eras una engañadora, porque son muertos los mis hijos que dices; y dijo la vieja, esto que te dije, es cierto; pero está bien, nuera mía, oigo lo que tú dices.

Y así anda a traer bastimento; anda, tapisca una gran red, y venga pues, soy mi nuera, como oigo, le fue dicho a la doncella.

Está bien, dijo ella, y luego se fue a la milpa que tenían HUN-BATZ y HUN-CHOVEN, y estaba el camino ancho que habían ellos hecho, este siguió la doncella y llegó a la milpa, y ni dos ni tres pies de milpa, y ni tenía mazorcas, y afligiéndose entonces la doncella:

¡Oh pecadora de mi ¡

¿Adonde he de ir a tomar una red de bastimento que me piden?

Y dijo, llamaré e invocaré al que guarda el bastimento para que venga XTOH, XCANIL, XCANIX, tú que eres guarda de nuestro sustento, HUN-BATZ y HUN-CHOVEN!

Esto dijo la doncella; y entonces cogió las barbas de la mazorca y las arrancó, y no quitó la mazorca, y luego que la compuso en la red, se llenó la red de mazorcas, y se hizo una gran red, y entonces vino la doncella, empero animales cargaron la red cuando vino, y fue a dar su encargo; y al mostrarse en la casa, llegó como carga, y viéndola la vieja, luego que la vio aquello gran red de bastimento:

¿De dónde vino por ti esto?

Si acabaste de traerte toda nuestra milpa, iré a verlo primero, dijo la vieja, y entonces se fue a ver la milpa, y así halló su pie de milpa, y también estaba patente donde estuvo el matate.

Y luego al punto se vino la vieja, y llegó a su casa, y le dijo a la doncella: solo esta señal basta para conocer que eres mi nuera, veré tus obras de los que tienes, que son sabios, le fue dicho a la doncella.

VIGÉSIMO TERCERA REVELACIÓN

Este trozo del POPOL VUH habla de la domesticación del maíz por medio del descubrimiento de la polinización artificial. Indica el relato cómo la deidad entró mágicamente a la humanidad por virtud del matriarcado.

Esta nueva constelación de diosas ha de significar el fin de la era patriarcal y substitutiva de los dioses masculinos en el cielo y a los reyes en la tierra.

La economía pasó desde ser sustentada por los cazadores y entró a ser sustentada por las mujeres cultivadoras de una planta domesticada y desarrollada por su propia mano.

La polinización artificial a mano es un símbolo de desarrollo humano que marca definitivamente un paso evolutivo irreversible en la historia de la humanidad.

Al introducir la economía agraria, surge una religión igualmente agraria.

La cosmogonía va a tener el uso pragmático de ayudar en el manejo de la nueva economía agraria sobre la base de calendarios lunares y venusinos conocidos por la generalidad de las personas.

Las sacerdotisas y juezas van a manejar una batería de ceremonias secretas basadas en otro calendario derivado de la estrella Antares.

Y llega la era del tiempo de ocio con la cual la humanidad desarrolla sus competencias de inventiva y habilidades manuales, debido a que los hombres ya no organizan batidas de cacería, que anteriormente duraban hasta tres meses; pueden dedicarse por primera vez a las artes.

Surgen los inventos.

Se evoluciona desde el nudo simple al tejido que une con nudos de varios hilos.

Desde la cestería con fibras blandas y fibras duras vamos a llegar a la alfarería utilitaria.

Este paso de la vida nómada hacia el asentamiento sedentario va a crear las bases superiores de la vida urbana.

CAPÍTULO 24

Aquí escribiremos el nacimiento de HUN-AHPU y de XBA-LANQUE.

Y así fue el nacimiento de ellos, que diremos cuando ya estaba justo el tiempo de nacer, nacieron de la doncella que se llamaba XQUIC, y no los vio la vieja cuando nacieron, y luego se levantaron los dos nacidos a un tiempo.

HUN-AHPU y XBALANQUE eran llamados, en el monte se levantaron, y luego entraron en la casa, y no dormían, y dijo la vieja: mucho gritan, anda arrójalos, y los fueron a poner en un hormiguero, y allí durmieron sabrosamente, y sacándolos de allí, los pusieron otra vez sobre espinas:, por su envidia de HUN-BATZ y HUN-CHOVEN, y no que fuesen recibidos en casa por los que eran sus hermanos, pero no los conocían.

Y así se criaron en el monte, y así fueron grandes flauteros y cantores los dos HUN-BATZ y HUN-CHOVEN, y habiendo crecido en gran trabajo y dolor que pasaron, fueron muy sabios, y también flauteros, cantores, pintores y entalladores; que todo era acabado por ellos; y ciertamente sabían su nacimiento, que eran sabios y substitutos de sus padres que fueron al infierno, y eran grandes sabios el HUNBATZ y HUN-CHOVEN en la inteligencia de todos, que así lo juzgaban, cuando se criaron los dos sus hermanos y no mostraron su saber por su envidia, sino que en ellos estaba la venganza de sus corazones, y no por alguna obra fueron ofendidos por HUN.AHPU y XBALANQUE, y solo se entretenían en tirar la cerbatana todos los días, y no eran amados de su abuela y de HUN-BATZ y HUN-CHOVEN, y no les daban de comer hecha ya la comida, sino que habiendo ya comido HUN-BATZ y HUN-CHOVEN, entonces venían y no se enojaban no encolerizaban sino que sufrían.

Y ellos sabían quienes eran, porque como claridad miraban y traían sus pájaros, cuando venían todos los días y comían HUN-BATZ y HUN-CHOVEN y nada les daba a los dos HUN-AHPU y XBALANQUE, sino que solo se estaban tocando la flauta, y cantando el HUN-BATZ y HUN-CHOVEN, y vinieron una vez el HUN-AHPU y XBALANQUE sin traer pájaros, y entrando se enojó la vieja, y les dijo:

¿Cómo, no traéis pájaros?

Les fue dicho a HUN-AHPU y XBALANQUE.

Fue el caso, abuela, que se nos han quedado atorados los pájaros en los árboles, y no podemos subir nosotros sobre los palos, Señora, que vayan nuestros hermanos con nosotros, que vayan a bajar los pájaros.

Y les fue dicho: está bien, iremos con vosotros por la mañana; esto dijeron sus hermanos, cuando fueron vencidos y ganados.

VIGÉSIMO CUARTA REVELACIÓN

Aquí el POPOL VUH nos revela el binomio moral que todos llevamos en nuestras conciencias.

Dos hermanos representan el lado confortable de los disfrutes derivados de la aceptación nuestra como parte de un grupo social: HUN-BATZ y HUN-CHOVEN.

Estos dos representan el lado envidioso de nuestro pensamiento humano.

Ellos representan a los mecanismos que conducen a la prepotencia.

Al mismo tiempo, el relato indica la fase histórica de transición desde una vida nómada hacia una forma organizada de vida sedentaria.

La era de la cacería como casi única fuente de actividades masculinas se reduce paulatinamente al entrar en vigencia la vida sedentaria.

El tiempo de ocio produce el aparecimiento de la música, con instrumentos y con canciones; la pintura y el dibujo, también el tallado de la madera (esculturas posteriores).

Los dos hermanos, nacidos de la doncella XQUIC, se nos presentan como nuestra capacidad de supervivencia, y esta dedicación a la vida silvestre ha de simbolizar el rumbo que se nos revela para este siglo 21 y tercer milenio.

Aquí se rasga el misterio de nuestra vocación futura como guardianes del bosque hacia el futuro desde ahora en adelante.

El bosque será entonces nuestra tarea de vida. Recreando, protegiendo, ampliando. Respetando y convirtiéndolo en fuente de vida para toda la humanidad. Es lo que nos manda hacer este relato 24.

Adrede se nos coloca de manera dicotómica con dos personajes de vanguardia ecologista: HUN-AHPU y XBALAN-QUE, siempre en guardia, pero con paciencia y resistencia pacífica frente a nuestra otra mitad espiritual, significada aquí en las figuras de HUN-BATZ y HUN-CHOVEN.

La tarea desde ahora consiste en triunfar como sucesores de HUN-AHPU y XBALANQUE.

CAPÍTULO 25

Y habiendo todos consultado entre sí, sobre el vencer a
HUN-BATZ y HUN-CHOVEN, solo los convertiremos en
otra cosa sus barrigas; ciertamente cuando sea hecho por
la gran pena y dolor que nos han causado, fuimos muertos y perdidos, esto querían nuestros hermanos; solo como
muchachos venimos en su inteligencia de ellos, y así los
venceremos; pero solo haremos señal de ellos, esto dijeron entre sí.

Y luego fueron debajo de un árbol que se llamaba CAUTE
e iban en su compañía sus hermanos, y empezaron a tirar con cerbatana, y no se podían contar los pájaros que
estaban sobre los árboles, que estaban gritando, y se maravillaron sus hermanos cuando vieron tantos pájaros, y
ninguno se cayó debajo de los pájaros.

No caen, andad, bajadlos acá, les dijeron a sus hermanos.

Está bien, dijeron ellos, y luego subieron sobre el árbol, y
se engrosó el tronco e hinchó, y luego que quisieron bajar,

ya no podían bajar de sobre el palo de HUN-BATZ y HUN-CHOVEN.

Y dijeron de sobre el árbol:

¿cómo se nos ha dicho esto, hermanos nuestros, pobres de nosotros, que espanta este árbol hermanos nuestros?,

esto dijeron de sobre el árbol.

Y les dijeron HUN-AHPU y XBALANQUE: desatad vuestras bragas y ceñidor, y atadlo debajo de vuestros vientres, largad su punta, y sacadlo para atrás, y de este modo podréis andar y bajar.

Esto les fue dicho por sus hermanos.

Bien. Dijeron ellos, y luego que sacaron la punta de su ceñidor, luego al punto se convirtieron en colas, y se volvieron micos, y luego se fueron por cima de los árboles y sobre los montes, los montes grandes, y a las selvas, y gritaban y se meneaban, y columpiaban de las ramas, y así fue el ser ganados el HUN-BATZ y HUN-CHOVEN, por HUN-AHPU y XBALANQUE, y solo por milagro hicieron esto.

Y luego se fueron a su casa, y dijeron cuando llegaron con su abuela y su madre: ¡ha Señora!

¿qué será lo que les ha acontecido a nuestros hermanos; que verdes sus caras se fueron como animales?

Mas si algo les habéis hecho a vuestros hermanos, y me habéis menospreciado y puesto en miseria; no hagáis eso con vuestros hermanos, les dijo la vieja a HUN-AHPU y XBALANQUE.

Y ellos le dijeron a su abuela: no te aflijas, abuela, que volverán otra vez, y verás sus caras, y solo esto importa a vos en esta diligencia, y de ningún modo os riáis, probad fortuna; y luego empezaron a tocar flautas y tocaron EL SON DE HUN-AHPU-MICO.

VIGÉSIMO QUINTA REVELACIÓN

Queda señalado el modo correcto de actuar en el futuro que sigue al momento en que se conozca esta revelación 25.

Aquí queda señalado que la imagen del territorio que se conoce como Mesoamérica ha de proyectarse —en lo posible— con menos **valor** que el valor real dentro de sus ventajas comparativas (ventajas comparativas ya reducidas).

Debido a que los monos se caracterizan por su competencia nata en el arte de la imitación, es que los nacidos fuera de Mesoamérica o fuera de familias mesoamericanas se han de considerar imitadores de la proclamación de las ventajas comparativas de Mesoamérica, ya reducidas, a fin de que se produzca una lógica favorable a la nación menos favorecida en las consultaciones y negociaciones internacionales futuras: anunciar una lógica de negociaciones consistente en imitar estas ventajas comparativas mesoamericanas, insertándoles una adición a su valor real como producto de la admiración y reconocimiento internacional de parte de los interlocutores no mesoamericanos.

Estas ventajas comparativas han de ser proclamadas primero, y sobre todo, por quienes se sientan revelados con esta inspiración y que por virtud de la revelación se consientan como mesoamericanos —descendientes espirituales de los propios autores del POPOL VUH—.

Después de esta proclamación endógena, será posible utilizarlas para el diálogo internacional.

El objetivo de esta revelación 25 es que los revelados asuman la **herencia espiritual** consistente en constituir la gloria original de aquellos autores del POPOL VUH, señalando con esta aceptación de la herencia espiritual que de esta manera es como entramos en la **maduración de los tiempos.**

El futuro sale a encontrarse con la fuente del pasado, en este momento presente.

Será entendido como momento presente aquel instante en que quienes se asomen a esta revelación 25 comprendan la trascendencia que resulta de aceptar su diferenciación con el resto de las personas (monos imitadores) y naciones no mesoamericanas.

CAPÍTULO 26

Y luego cantaron y tocaron las flautas y el tambor, cuando tomaron las flautas y sus atambores, y se asentaron a la vieja consigo, y cuando tocaron y cantaron en su canto, se llamó aquel canto HUN-AHPU-COY (un tirador mico) y tocando, llamando a HUN-BATZ y HUN-CHOVEN, vinieron bailando, y viendo la vieja los malos gestos que hacían y sus malas caras, viendo esto serio, no pudo sufrir la risa; y en un instante se fueron, y no se les vio otra vez sus caras, y saltando se fueron al monte:

¿Qué es eso que hacéis, Señora?

Solo cuatro veces probaremos, y así solo otras tres veces los llamaremos con la flauta y con el canto, sufrid la risa.

Éa, probad otra vez, les fue dicho a HUN-AHPU y XBALAN-QUE; y luego tocaron otra vez sus flautas, y luego volvieron al medio de la casa; y así mismo hacían monerías con que provocaban la risa sus gestos de micos y lo delgado de sus barrigas y el menear de sus colas cuando entraron, y esto fue de lo que la vieja se reía; y, luego se fueron otra vez a los montes.

¿Qué hemos de hacer?

Abuela mía, solo esta tercera vez probaremos, dijo el HUN-AHPU y XBALANQUE, y tocaron otra vez y volvieron bailando:

sufra, ¡Oh abuela! la risa, y estuvieron corriendo sobre el edificio.

Estaban muy colorados los ojos, y sus bocas ahocicadas, y se estaban sobándose la cara, y viendo estas figuras su abuela, se tendía de risa, y nunca más se les vieron sus caras por la risa de la vieja; solo esta vez los llamaremos.

Y la cuarta vez se rio, y no vinieron la cuarta vez; y luego al punto se fueron al monte, y dijeron a la vieja:

ya hemos hecho la diligencia, y no vinieron, habiéndolos llamado, no te dé pena, que aquí estamos nosotros sus nietos y que queremos a vos y a nuestra madre, que nosotros quedamos en memoria y en lugar de nuestros hermanos llamados:

HUN-BATZ y HUN-CHOVEN, les fue dicho a la vieja y a su madre.

Y dijeron el HUN-AHPU y XBALANQUE, y fueron llamados por los tocadores de flautas y los cantores, ya estos invocan los hombres antiguos, los pintores y entalladores.

Se volvieron en brutos micos, porque se ensoberbecieron y maltrataron a sus hermanos, y los tuvieron como a esclavos, y así fueron herrados, cuando fueron perdidos el HUN-BATZ y HUN-CHOVENA que fueron convertidos en micos, y se estaban en sus casas siempre, y fueron tocadores de flautas y cantores, e hicieron grandes cosas estos, cuando estuvieron con su madre y abuela.

VIGÉSIMO SEXTA REVELACIÓN

Se refiere al resto de los mesoamericanos, a quienes estas revelaciones no los convencen, y aquí se les adjudica el rol de HUN-BATZ y HUN-CHOVEN; siendo entonces la adjudicación del rol de HUN-AHPU y XBALANQUE para quienes se sientan revelados y asuman la tarea de la reivindicación maya hacia el futuro de la humanidad, partiendo de sentirse como **mesoamericanos revelados.**

El **número sagrado del cuatro,** en el esoterismo del PO-POL VUH, señala aquí las cuatro oportunidades, o dicho de otra manera, muestra un mandato de gestión basado en repetir hasta cuatro veces todo intento de gestión (como estilo típico del **nuevo mesoamericano espiritual).**

«La venta comienza cuando el cliente dice "no"».

Entonces, aquí estamos pidiendo al mesoamericano que insista hasta cuatro veces que le respondan con un **no.**

Esta ha de llegar a ser una característica del **mesoamericano espiritual revelado** en su trato con el resto de mesoamericanos no revelados.

La invocación a los autores del POPOL VUH, que fuera la memoria de un remanente de sabios que durante la gran helada salió de la zona del Himalaya, y que luego pasó por el estrecho de Bering hasta asentarse de forma autárquica en el territorio que ahora ocupa Mesoamérica, es una forma de interactuar espiritualmente.

Invocación a la memoria de los antechamanes. Esto es un puente de energía espiritual que desde aquel origen sabio del pasado conecta a las generaciones del futuro (del ahora y aquí) arrancando desde el momento en que esta revelación 26 se hace pública y se da a conocer.

CAPÍTULO 27

Y cuando empezaron sus obras, y a manifestarse ante su abuela y su madre, lo primero trataron de hacer milpa.

Nosotros sembraremos milpa, dijeron a su abuela y a su madre; no os aflijáis, aquí estamos nosotros tus nietos, nosotros somos substitutos de nuestros hermanos; esto dijeron el HUN-AHPU y XBALANQUE, y entonces tomando sus hachas y azadones, se fueron con sus cerbatanas al hombro y saliendo de sus casas avisaron a su abuela que les llevase su comida al medio día.

Está bien, nietos míos, dijo la vieja.

Y llegando a la milpa donde había mucho de sembrar, clavaron el azadón en la tierra, y mucho era lo que se labraba por el azadón solo; y el hacha clavándola en el palo, se iban todos los palos cayendo tendidos, y también todos los mecates, y era muchísimo lo que había de palos derribados y cortados con solo una hacha y con solo un azadón, era muchísimo lo que estaba labrado ya.

No era contable todo lo que habían hecho con solo un azadonazo en todos los montes chicos y grandes; todos se iban abajo, y entonces avisaron a un animal que se llamaba XMUCUR,

(esto es, la paloma de monte)

y lo pudieron en lo alto de un tronco, y le dijeron el HUNAHPU y XBALANQUE: mirad cuando venga nuestra abuela, que ha de venir a traernos de comer, y luego cantad, cuando viereis que viene, y luego al punto tomaremos nuestro azadón y hacha.

Está bien, dijo la paloma, y luego solo se entretenían en tirar con la cerbatana, y no trataban la milpa, y luego que cantó la paloma, vinieron a toda prisa:

uno tomó el azadón y el otro el hacha, y amarrándose las cabezas, en balde se untaban de tierra las manos: el uno, como que se ensuciaba la cara, a modo del que siembra milpa, y el otro en balde se desparramaba astillas en su cabeza, así como hecheras de palos.

Y entonces fue visto de su abuela, y comiendo, no de verdad hacía milpa, y así en balde les llevaron de comer, y entonces se fueron a sus casas.

Verdaderamente estamos cansados, abuela, le dijeron, y llegándose a su casa, en balde creían su trabajo de sus manos y pies ante su abuela, y las refregaban,

Y luego fueron al segundo día, y llegando a la milpa, hallaron parados todos los árboles y mecates, y se habían otra vez unido y juntado.

¿Quién será este, dijeron, que nos está engañando?

Sin duda han sido los que han hecho esto, todos los animales grandes y chicos:

el tigre, el venado, el conejo, el gato de monte, el lobo, el puerco, el pizote, y los pájaros grandes y chicos;

estos fueron los que hicieron esto.

Y luego volvieron otra vez a hacer la milpa, y así mismo hizo la tierra y los palos cortados, y entonces consultaron en los palos cortados, y la tierra desyerbada: velaremos nuestra milpa, quizás cogeremos al que viene a hacer esto.

Esto dijeron en su consulta, y llegaron a sus casas:

¿qué te parece abuela, lo que hemos visto, la burla que nos hecho?

lo que labramos, se ha vuelto otra vez monte y pajanal, ya lo hallamos así, cuando fuimos denantes. Esto dijeron a su abuela, y a su madre: volveremos otra vez y velaremos, porque no es bueno esto, que nos han hecho; esto dijeron, y luego se armaron, y fueron otra vez a la roza suya.

Y luego se ocultaron, y estuvieron ocultos allí, cuando se juntaron todos los animales; en una parte, se juntaron todos los animales, chicos y grandes, y luego, en punto de la media noche vinieron; y hablando todos cuando vinieron decían así:

YACHISCHÉ, YACHISCAAM

(esto es: párense palos, párense mecates),

esto dijeron cuando vinieron, y se meneaban debajo de los árboles y mecates.

Acercándose entonces, se manifestaron ante ellos, y el primero era un león y un tigre, y queriéndoles coger, no se dieron, y luego se apropincuó un venado y un conejo, y juntándose uno a otro, los cogieron, pero se les arrancaron las colas;

entonces tomaron la cola del venado y la cola del conejo, y así son chiquitas sus colas.

Y el gato de monte, y el lobo, tampoco se dieron, ni el puerco, y el pizote, todos se pararon los animales por delante de HUN-AHPU y XBALANQUE, y reventaban de cólera sus corazones, porque no habían cogido, y vino uno a la postre saltando, y atándolo, cogieron en la red al ratón, y luego que lo cogieron, le apretaron el cerebro, y lo querían ahogar, y le quemaron la cola en el fuego, y entonces tomó su cola el ratón sin pelo, y también sus ojos saltados, cuando lo quisieron ahogar los dos muchachos HUN-AHPU y XBA-LANQUE.

Y dijo el ratón: no me matéis, no es esto vuestro oficio, el hacer milpa.

¿Pues, qué es lo que nos dices?

Dijeron los dos muchachos al ratón.

VIGÉSIMO SÉPTIMA REVELACIÓN

Nos han dejado dicho por mi Carmencita que los ancianos que escribieron este POPOL VUH nos mandan un mensaje ecologista-agrario, el cual consiste en advertirnos que la naturaleza se dejará manejar por nosotros pero bajo la condición de la **tenacidad.**

El mensaje encerrado en este capítulo 27 nos invita a comenzar de nuevo, todos los días, nuestro contrato con la naturaleza.

Lo que nos esforcemos material y espiritualmente no ha de ser de duración eterna en este contrato con la naturaleza renovado diariamente.

La economía extractiva no debe continuar siendo la práctica dominante, y es necesario substituirla por prácticas renovadoras y respetuosas del **principio de recuperación sostenible de la naturaleza.**

Pueden ser técnicas de uso rotativo del terreno arable, o de crianza por trashumancia que permita obtener carnes con menos contenidos grasosos y con más músculo proteínico, o pueden ser prácticas sabáticas de hasta cuatro años de reposo de las tierras trabajadas durante cuatro años seguidos.

La «cosecha de electricidad fotovoltaica» durante los años sabáticos podría ser una conclusión del modo de cumplir con nuestra contribución asociativa con la naturaleza, si nos decidimos a **cumplir con el contrato con la naturaleza.**

Los usos del bosque y su explotación conforme a este contrato con la naturaleza implica una **silvicultura inteligente** que podemos descifrar como **de formato amigable con el medioambiente.**

Los productos farmacéuticos y no comestibles derivados de la silvicultura nos llaman a una apuesta equilibrada con el manejo ecologista del bosque.

Los hongos, cortezas, raíces, flores, frutos silvestres, apenas son una pequeña porción de los **productos del bosque amigables al ser humano.**

La vida del biotopo selvático nos ofrece contribuciones que deben ser gerenciadas por el ser humano en favor de aumentar y restablecer la **biodiversidad** en el bosque.

Los productos secundarios del bosque significan, en primer lugar, millones de toneladas de oxígeno nuevo y puro.

El almacenamiento en el subsuelo forestal de millones de toneladas de carbono es parte de este contrato con la naturaleza.

Y la multiplicidad de productos forestales derivados de la cooperación entre fauna y flora silvestre —como son las colmenas forestales (silvestres), con sus producciones apícolas silvestres (jalea real + propóleo + polen + cera + miel)— tienen aplicaciones más allá de la seguridad alimenticia, y son beneficios tangenciales aplicables en la farmacología y otras industrias como la cosmetológica.

Lo importante —nos dice mi Carmencita— es que celebremos este contrato con la naturaleza lo más pronto posible y que lo ampliemos en sus alcances y beneficios **todos los días, de nuevo.**

CAPÍTULO 28

Dejadme un poco, porque tengo en mi vientre que decir, y le fue dicho:

después te daremos tu comida, decidlo ahora.

Está bien, dijo el ratón; sabréis que los bienes de vuestros padres, HUN-HUN-AHPU y VUCUB- HUN AHPU, que así se llamaban aquellos que murieron en el infierno, están ahí, que los, con que jugaban están colgados sobre el tabanco; su batey, la pala, y la pelota de hule, y no os lo quieren manifestar vuestra abuela, porque por estos murieron vuestros padres.

Y dijeron los muchachos:

¿De cierto lo sabéis vos?

Y se alegraron mucho cuando oyeron la noticia de la bola de hule, y habiendo dicho el ratón, le señalaron su comida al ratón: esta será tu comida: el maíz, las pepitas de chile, los frijoles, el pataste, el cacao, esto es vuestro, y si algo está guardado u olvidado, también es vuestro, comedlo.

Esto le fue dicho al ratón por HUN-AHPU y XBALANQUE.

Está bien, muchachos,
¿Y no me ve nuestra abuela, qué me decís?
Dijo el ratón.

No te aflijas, porque nosotros estamos aquí, y advertiremos lo que se ha de hacer;

hay que lo digamos a nuestra abuela, luego que te pongamos en la esquina de la casa, en llegando.

Llégate luego donde está colgado, y allí veremos el chile molido para nuestra comida, y veremos, dijeron al ratón, y entonces avisaron a la noche, y consultaron HUN-AHPU y XBALANQUE, y llegaron al medio día.

Y el ratón lo traían oculto, y llegando el uno, entró derecho en casa, y el otro a la esquina, y luego al punto levantó en alto al ratón y lo puso allí, y luego pidieron su comida a su abuela.

Moled nuestra comida que deseamos chimol, abuela; esto dijeron, y luego se molió su chile, y se les puso delante un cajete de caldo; pero esto era para engañar a la vieja y a su madre: y agotaron el agua que estaba en la tinaja, y dijeron: nos estamos muriendo de sed, andad, traed agua, le dijeron a la abuela.

Bien, dijo ella, y entonces se fue ella por el agua; y ellos quedaban comiendo; pero, a la verdad, no tenían gana, sino que era solo engaño el que hacían, y entonces vieron al ratón en el chimol, y estaba librado el ratón en el chile que estaba colgado en el tabanco, y entonces lo vieron en el chile y chimol, y enviaron entonces un animalejo llamado XAN, que es como un mosquito, y fue al agua o arroyo, y horadó la tinaja del agua de la vieja, y se salía el agua de la tinaja; probaba, y no se podía cerrar el hoyo de la tinaja.

¿Que hará nuestra abuela?

dijeron a su madre, que nos secamos de sed, andad, Señora, a verlo.

Y la enviaron, y luego cortó el ratón, royendo de adonde pendía el hule, la pala, y el bote, y cayó y arrebatándolo ellos, lo fueron a esconder en el camino, que es camino del cementerio, o lugar donde jugaban su pelota; y luego fueron donde estaba su abuela; y estaban actualmente su abuela y su madre, cerrando el hoyo a la tinaja cada una.

¿Qué habéis hecho?

Que estamos ya cansados de esperar, y así venimos.

Mirad mi tinaja, dijo la vieja, que no se quiere cerrar el hoyo, y luego al punto lo cerraron, y todos juntos se volvieron otra vez, ellos delante de su abuela; y así fue el hallazgo del hule.

VIGÉSIMO OCTAVA REVELACIÓN

Se refiere al principio histórico llamado **recurrencia.**

El plano estrictamente espiritual de la madre de los dos muchachos, HUN-HUN-AHPU y VUCUB- HUN-AHPU, va a tener un episodio repetido en la vida de sus dos nietos: HUN-AHPU y XBALANQUE.

El nuevo episodio tiene una fase de gestación, la cual se va a mostrar en esta revelación 28, para que entendamos que la historia del pueblo es un reflejo de la historia de sus hombres.

El ratón representa al **principio del centro y periferia,** el cual se refiere a la dependencia mutua entre las personas consideradas principales (potentados, políticos, económicos, sociales, culturales, religiosos, etcétera) y los encargados de los servicios relevantes (que atienden a otros).

En virtud de este principio es que nadie está por encima de todos todo el tiempo.

El pedido de los gemelos de comer algo especial significa el **principio de las compensaciones** (autopremios) que nos damos cuando consideramos merecerlas, ya sea por lo exigente del esfuerzo realizado o ya sea por considerarlo de importancia.

En el relato, es un acto premeditado el alejar a un colaborador para que no se percate de la acción que se considera bajo la categoría del sigilo.

El rango del colaborador no disminuye, ni agrega su rol en este sentido.

El rol del mosquito XAN refuerza el principio de centro y periferia.

Cualquier costo producido por el ejercicio del sigilo debe ser restituido.

Este episodio 28 cuenta la proyección espiritual de aquella marcha que comenzaron los ancianos sabios desde aquellas alturas tibetanas originales hasta el mundo actual, con su derrotero hacia el futuro revelado (arco de proyección espiritual).

Nos sirve de modelo de preparación para jugar el próximo capítulo de la evolución maya, de la cual somos herederos por conocimiento y no por sangre.

Queda señalado que siempre tendremos que calcular el costo de toda colaboración, ayuda o acto de solidaridad que recibamos de aquí en adelante, recordando al ratón cómplice de los dos muchachos.

Se nos invita a dejarnos apoyar por nuestras familias, aunque no estén reveladas en cuanto al formato de cómo entender el POPOL VUH que nos está revelando mi Carmencita de forma gratuita y amorosa.

Esto implica una preferencia por buscar primero este apoyo adentro de nuestras propias familias, y después fuera de este círculo íntimo.

Se menciona la domesticación del hule (resinas medicina-
les de varias plantas).

CAPÍTULO 29

Y ellos muy alegres se fueron a jugar a la pelota al cementerio, y estaban muy lejos donde fueron a jugar ellos solos, y barrieron y limpiaron el cementerio, de sus padres;

y oyendo los Señores del infierno esto, dijeron:

¿Quiénes son estos que otra vez empezaron a jugar sobre nosotros, y no nos tienen respeto?

¿Qué están haciendo ruido?

¿Por ventura no murieron aquel HUN-HUN-AHPU y VU-CUB- HUN-AHPU, que se quisieron engrandecer en nuestra presencia?

¡Vayan luego a llamarlos!

Dijeron otra vez HUN-CAME y todos los Señores, y jugarán con nosotros, que de aquí a siete días estén aquí, y jugaremos, les fue dicho a los mensajeros: andad, decidles que vengan acá, que lo dicen los Señores, y jugarán con nosotros, que de aquí a siete días estén aquí, y jugaremos, les fue dicho a los mensajeros.

Y vinieron entonces por un camino ancho, de los muchos que iba derecho a su casa de ellos, y derechos vinieron con la vieja.

Y ésta estaba lavando cuando llegaron los mensajeros del infierno, y dijeron: dicen los Señores que vengan los muchachos al infierno, y este término les dan de siete días en que los esperan; esto le fue dicho a la XUMACENE.

Esta bien, dijo ella. Irán allá, Señores mensajeros.

Y fuéronse los mensajeros y se volvieron, y afligiose la vieja;

¿Cómo enviaré a llamarlos a mis nietos, qué diré, tocante a su llamada?

De verdad, así vinieron los mensajeros antiguamente, cuando vinieron por sus padres, dijo la vieja, y muy tierna entró en su casa ella sola.

Y luego bajó un piojo y lo cogió la vieja, y lo puso sobre la mano y estaba menenándose el piojo, y anduvo, y le dijo, tú, mi nieto, querrás que te envíe que vayas a llamar a mis nietos al cementerio, le fue dicho al piojo;

anda, y decidles, que dice vuestra abuela como han venido a ella los mensajeros del infierno a llamarlos, y que de aquí a siete días habréis de ir, y que esto dice vuestra abuela, le fue dicho al piojo.

Y luego se fue el piojo meneando, y estaba sentado en el camino un muchacho llamado TAMAZUL, que era sapo, y le dijo el sapo al piojo:

¿A dónde vas?

Y dijo el piojo: voy con los mozos o muchachos, y llevo en mi vientre el mensaje.

Está bien, dijo el sapo, pero veo que no puedes correr,

¿quieres que te trague? Y así podrás ir.

Mirad, como corro yo, y así llegaremos luego.

Está bien. Dijo el piojo al sapo, y luego se lo tragó el sapo al piojo e iba el sapo corriendo, y ya cansado no corría, cuando encontrando con una grande culebra, que se llamaba ZAQUICAZ, y le fue dicho:

¿adonde vas, TAMAZUL, muchacho?

Esto le fue dicho al TAMAZUL por el ZAQUICAZ al sapo, y entonces tomó esta comida para sí la culebra, comiéndose los sapos.

Iba corriendo la culebra, cuando fue encontrada de un pájaro llamado VAC, y llegó sobre el cementerio, y entonces tomó para sí este pájaro este sustento, comiéndose a las culebras en los montes, y llegando el VAC se paró sobre las almenas del cementerio, y estaban holgándose el

HUN-AHPU y XBALANQUE, perlorcándose, y en llegando
el VAC cantó:

vacgo, vacgo,

y dijo en su canto

(esto es: aquí está el VAC) y dijeron:

¿Qué canto es este?

Vengan las cerbatanas, y luego tirándole con la cerbatana
al VAC.

Fue el bodoque derecho, y le dio en la niña del ojo. Y dando vueltas cayó, y luego lo cogieron, y le preguntaron;

¿a qué habéis venido aquí? le dijeron al VAC.

Y dijo él: aquí en mi vientre traigo un mensaje, curadme
primero mi ojo, y luego lo diré.

Está bien, dijeron ellos, y sacando un poquito del hule de
la pelota, lo pusieron en el ojo del VAC, y llamose COTZ-
QUIC;

(esto es, hule de cierta yerba),

porque luego curó el ojo del pájaro, y miró bien después
que fue curado; y le dijeron;

éa, di lo que traes, le fue dicho a la culebra.

Y dijo, está bien: y luego vomitó el sapo.

Y le fue dicho:

¿Qué es tu mensaje? Dilo luego; y dijo él:

aquí en mi vientre traigo el mensaje, y luego probó a vomitar, y no vomitó, sino que como baba se le puso la boca;
probaba a vomitar, y no podía.

Y lo quisieron aporrear los muchachos, y le dijeron: sois
un mentiroso engañador, y le dieron con el pie en las nal-
gas, y probó otra vez, y nomás que baba hacía en la boca.

Y entonces los muchachos le abrieron la boca, y se la rasgaron, y buscaron en la boca y hallaron pegado al piojo en
los dientes del sapo, porque se le quedó en la boca, y no
lo tragó, y así hace como que vomita, y fue despreciado y
ganado, y no tiene comida señalada, ni se la señalaron, y
no corre, sino que es carne de las culebras.

Éa, habla, le dijeron al piojo, y entonces dio su mensaje: dice vuestra abuela, muchachos o mancebos, anda
llamadles, porque vinieron los mensajeros del infierno
de HUN-CAME y VUCUB-CAME, que vayan allá dentro de
siete días, que vengan acá, dicen, jugaremos a la pelota,
y que vengan con los instrumentos del juego: el hule, el

bote, la pala y el cuero: que vayan a divertirlos, que lo dicen los Señores.

Esto dice vuestra abuela, que así vino el mensajero de los Señores, y así vine a llamaros.

Si. Será así, dijeron ellos en sus corazones, oyendo el mensaje, y luego al punto se vinieron, y llegaron con su abuela, y solo fueron a avisarle a su abuela.

VIGÉSIMO NOVENA REVELACIÓN

En esta lectura, mi Carmencita nos revela el llamado **transgenealógico** que nos han dejado los sabios, y que ella nos descubre así:

«Este es el Llamado Testamentario de los Sabios que se asentaron en el actual territorio reconocido como Mesoamérica, para que seamos estafetas de ellos hacia el futuro».

La abuela XMUCANÉ representa aquí a los chamanes que han mantenido estas verdades reveladas por medio de la tradición oral.

Los cantos secretos y sagrados (POPOL VUH) que se han transmitido nítidos a través de los siglos —de una generación de chamanes a la otra—, ahora, con estas revelaciones, se hacen comprensibles porque se ha llegado a la madurez de la historia.

El llamado de los señores del inframundo (HUM-CAME y VUCUB-CAME) es, para esta nueva generación, una invitación a reivindicar hacia el futuro el objetivo de los sabios, quienes resguardaron estas verdades reveladas al recorrer hasta Mesoamérica aquella distancia salvada durante la gran helada.

Todas las tribus, tanto al norte como al sur de su asentamiento aquí en el territorio que hoy se conoce como Mesoamérica, mantuvieron sus consultaciones con estos sabios y algunos mandaron a sus hijos e hijas a que sirvieran durante doce años como aprendices de estos chamanes de chamanes.

El conocimiento (contenido del POPOL VUH) fue la riqueza de este grupo de sabios que se quedaron por su propia voluntad en este territorio.

El mandato que contiene este pasaje del POPOL VUH debemos entenderlo de la manera siguiente:

La humanidad va a saciarse de justicia cuando la generación revelada (los que conozcan la interpretación del POPOL VUH que nos ha heredado mi Carmencita) se ponga en marcha a partir de recibir esta convocatoria.

Los señores del inframundo aquí representan todas las debilidades éticas que vamos a reivindicar.

El infierno de estos señores significa aquí, en este pasaje del POPOL VUH, las consecuencias del irrespeto de la humanidad a la naturaleza.

Las crisis medioambientales, de pandemias, de estructuras económicas insanas y las consecuencias del irrespeto de la autoridad humana que no permite que se cumplan los anhelos de felicidad (buena vida) para toda la humanidad, representan y constituyen ese juego de pelota entre los herederos de los dos muchachos (HUN-HUN-AHPU y VUCUB-HUN-AHPU) y nosotros como generación revelada (HUN-AHPU y XBALANQUE modernos).

Vamos hacia el final de «la jornada de siete días», siete edades contadas desde que los sabios comenzaron a caminar durante la gran helada, se asentaron en Mesoamérica y lograron mantener el secreto de su sabiduría, la cual hoy queda revelada a nosotros con estas aclaraciones.

Algunos de nosotros somos como los portadores de la convocatoria (piojo, sapo, culebra, ave).

Los instrumentos para el duelo con los señores del infierno (el hule, el bote, la pala y el cuero) aquí significan nuestras competencias individuales (talentos) y capacidades propias de cada uno de nosotros.

Nos advierte mi Carmencita que no hagamos caso de la pretensión del divertimiento de estos señores (las crisis), pues no se trata de que estas revelaciones cumplan tan solo la sed de conocimiento y de satisfacción de una curiosidad humana entre nosotros, sino que se trata de una invitación amorosa de alcanzar la plenitud de la humanidad entera, venciendo a estos señores por medio de alcanzar individualmente la **plenitud del desarrollo espiritual.**

Se cierra esta revelación 29 indicando que nos ponemos en marcha desde que el conocimiento nos es revelado y le damos aviso a nuestra abuela y madre (a la familia, pues) de nuestro inicio de viaje para cumplir con esta predestinación.

CAPÍTULO 30

Nosotros vamos, Señora, y solo a avisaros venimos, y esta señal os dejamos de nuestra palabra:

cada uno de nosotros sembraremos una caña en medio de nuestra casa, y esta será la señal de nuestra muerte; si se seca, diréis, poco ha que murieron; empero, si retoñase, diréis, que están vivos tus nietos, abuela, y vos, madre, no lloréis, porque señal queda de nuestra palabra con vosotros.

Y cuando se fueron, una sembró HUN-AHPU, y otra sembró XBALANQUE, y solo las sembraron en la casa y no las sembraron en el monte, ni tampoco en tierra húmeda sino en tierra seca;

en medio de su casa las dejaron sembradas.

Y luego se fueron llevando cada uno al infierno, cada uno su cerbatana, y luego bajaron al infierno, y con brevedad bajaron las gradas, y pasaron un río en una barranca; por medio de los pájaros pasaron y estos pájaros se llamaban MOLAY; y también pasaron por un río de materia y otro de sangre, y estos ríos eran para que fuesen vencidos, como pensaban los del infierno, y no los pisaron, sino que sobre sus cerbatanas pasaron, y saliendo de allí, llegaron a una encrucijada de cuatro caminos, y ciertamente sabían el camino del infierno:

uno era negro, otro blanco, otro colorado, y otro verde.

Y desde allí enviaron a un animalejo que se llamaba XAN:

este iba a tomar nuevas, y enviando, le fue dicho a cada uno de por sí, muérdelos;

y primero muerde al primero que está sentado.

Y acaba de morderlos a todos, y de ti será el chupar la sangre de los hombres, y tu comida en los caminos.

Esto le fue dicho al XAN.

Está bien, dijo el XAN, luego tomó el camino negro, y fue derecho al primero que estaba sentado, que era un hombre hecho de trapos y compuesto, y le mordió primero; y no habló, y luego mordió al segundo, y tampoco habló; mordió al tercero, que era HUN-CAME, y dijo, aquí quejándose, dijo, cuando fue picado:

¿Qué es eso?
HUN-CAME, le dijo el cuarto, que estaba sentado,

¿quién te mordió?

No se, que me ha mordido;

mordió al otro, y dijo,

¡Ay ! ¿qué es eso, VUCUB-CAME?

¿Qué me ha mordido?

Le dijo el quinto: ¡Ay, ay!, dijo XIQUIRIPAT.

Y le dijo VUCUB-CAME:

¿qué te ha mordido?

Y mordió al sexto, y dijo: ¡Ay!

¿Que es eso? CUCHUMAQUIC,

¿qué te ha mordido?

Le dijo XIQUIRIPAT

¿qué es eso que te ha mordido? dijo cuando mordió al sép-
timo, que dijo ¡Ay!

¿qué te ha mordido AHALPUH?

dijo CUCHUMAQUIC.

Y cuando mordió al octavo, que dijo ¡Ay!, le dijo AHALPUH:

¿qué es eso AHALCANA, qué te mordió?

Y cuando al nono, que estaba sentado, que dijo ¡Ay! Le dijo AHALCANA:

¿qué te mordió CHAMIABAC?

Y cuando mordió al décimo, que dijo ¡Ay! Le dijo CHAMIA-BAC,

¿qué te mordió, CHAMIAHOLOM?

y mordiendo el undécimo que dijo ¡AY! Le dijo otra vez:

¿qué te mordió, PATAN?

Y mordiendo al duodécimo que dijo

¡Hay! Le dijo otra vez:

¿qué te mordió, QUICXIQ?, le dijo PATAN;

y mordiendo al cuartodécimo, que dijo ¡Ay!, le dijo a QUI-CRIXCAC:

¿qué te mordió?

Y así todos dijeron sus nombres, y todos se manifestaron entre sí mismos, diciendo sus nombres de cada uno, y se llamaban HOLOMAN uno, que estaba sentado en un banco y ningún nombre de ellos se perdió, sino que todos dijeron sus nombres, todos cuantos fueron mordidos por un pelo de la cara de HUN-AHPU, y no era mosquito en realidad de verdad, el que fue a morderlos a todos, y se fue a oír los nombres de todos por HUN-AHPU.

Y luego que llegaron allá donde estaban los del infierno, les dijeron:

ea, saludad a ese Señor.

Y no era Señor, sino una estatua, para engañarlos.

Y dijeron: este solo es estatua, y saludándolos a los demás dijeron:

Señor CAME,
Señor VUCUB-CAME,
Señor XIQUIRIPAT,
Señor CUCHUMAQUIC,
Señor AHALPUH,
Señor AHALCANA,
Señor CHAMIABAC,
Señor CHAMIAHOLOM,
Señor XIC,
Señor PATAN,
Señor QUICRE,

Señor QUICRIXCAC;

esto dijeron cuando llegaron.

A todos les manifestaron sus caras y dijeron sus nombres a todos, y de ninguno perdieron ni olvidaron su nombre; y esto era lo que querían de ellos, que no supiesen sus nombres, ni fuesen hallados por ellos.

TRIGÉSIMA REVELACIÓN

Comenzamos la marcha de las generaciones desde ahora y desde esta revelación 30.

Se nos deja revelado el misterio de la muerte en esta revelación 30.

Resurrección es una simple metáfora de las cañas conmemorativas que dejamos como señal generacional.

Aquí la trascendencia nos revela que el espíritu está enjaulado en nuestro cuerpo, recordándonos la bivalencia de nuestra perfección humana, pues somos mucho más que solo un cuerpo.

La marcha de las generaciones prescribe que cada uno de nosotros vaya equipado con su cerbatana propia e individual, que aquí significa **el conocimiento de estas revelaciones** relacionadas con el mensaje escondido en el POPOL VUH para quienes no han sido revelados.

Los sabios nos dispondrán de las aves para que adelantemos.

Aquí, la imagen de las aves corresponde a «pensamientos de inspiración elevada» como herramientas para reconocer a tiempo los escollos y de esta forma también descubrir las soluciones a tiempo.

Es una promesa que nos pide otorgar confianza a los sabios.

Los grandes espíritus contrarios a los sabios nos van a tratar de engañar proponiéndonos que nos dispongamos a atravesar los dos ríos que aparecen en el texto: uno de materia y otro de sangre.

La simbología nos advierte que estamos obligados —por disciplina de chamanes— a renunciar a soluciones transitorias (materiales) que puedan compararse con usar dinero para comprar oportunidades, voluntades, ventajas desleales, etcétera; así como a rechazar las soluciones violentas (la prohibición tajante de cumplir con el mandato insoslayable «¡No matarás!»).

Aquí, este mandato del **no matarás** requiere de una relativización, según me explica mi Carmencita, y aclara que se trata de una salvaguarda espiritual —por encima de lo orgánico— que debemos interpretar como «No aceptaré mentalmente el incluir la posibilidad de matar, en todas mis actuaciones en el futuro, y mientras sea parte de la marcha de las generaciones».

Si acaso se produciere una muerte accidental, incidental o conexa, eso no debe preocuparnos en tanto y en cuanto no haya premeditación de nuestra parte. Y esto vale en calidad de cálculo de que tal cosa pudiera suceder.

Los cuatro caminos significan las decisiones que nos van a contrariar, a desorientar, a desacelerar, y a extraviar:

Camino negro. Lo que nos va a contrariar, a exasperar, a enojar.

Camino blanco. Lo que nos va a desorientar, a hacer abandonar la marcha de las generaciones creyendo que vamos en ella.

Camino colorado. Lo que nos va a desacelerar, entretenciones, distracciones, pérdida de tiempo, tareas alveolares.

Camino verde. Lo que nos va a obligar a tomar desvíos, atajos, caminos totalmente equivocados.

La vanguardia en esta gran marcha de las generaciones equivale a estudiar los objetivos de nuestras acciones y prever el desenlace con todas sus consecuencias:

a. Ubicando en nuestro teatro de operaciones lo desfavorable, el escenario peor, el desarrollo óptimo y eficiente.

b. De acuerdo con esta introspección, determinar los límites de aceptación de los daños previsibles y buscar en todo caso la mitigación del riesgo individual.

Conocer el terreno es la mitad del éxito, y conocer las características y las pasiones dominantes de nuestros rivales constituye la otra mitad del éxito.

Esconderle al contrario nuestras fortalezas es parte de esta revelación 30.

Actuar siempre con sigilo es la clave que nos deja esta revelación 30.

CAPÍTULO 31

Éa venid, les dijeron, y los quisieron sentar en un asiento, pero no quisieron: no es este nuestro asiento, porque es piedra ardiendo ese asiento, dijeron HUN-AHPU y XBA-LANQUE, y no pudieron ser vencidos.

Está bien, dijeron ellos: ea, vayan a la casa, les fue dicho; y luego entraron en la casa obscura, y no fueron allí vencidos, y este era el primer castigo del infierno:

allí entraron, y allí pensaban los del infierno empezar a triunfar de ellos.

Allí entraron en la casa obscura, y les fueron a dar su ocote, que relumbraba cuando llegaron, y también a cada uno un cigarro por los mensajeros de HUNCAME, y les dijeron:

este vuestro ocote y estos cigarros, dicen los Señores, a la mañana los habéis de volver, habiendo ardido toda la noche; esto dijeron los mensajeros, cuando llegaron.

Está bien, dijeron ellos, y no encendieron el ocote, sino que pusieron otra cosa colorada en lugar del ocote, que fue plumas de cola de Huacamaya.

Y los, que estaban en guarda, velando, les parecía el ocote ardiendo;

y en los cigarros pusieron luciérnagas, y toda la noche los tuvieron por vencidos, y decían los guardas: ya están ganados.

Y no se acabó el ocote, y luego fueron a dar el ocote y los cigarros a los Señores, que decían:

¿qué es esto?

¿de adonde han venido estos; quién los engendró y quien los parió?

De verdad, arde nuestro corazón, porque no es bueno que hacen: diversa es su cara, y diversas son sus costumbres.

Esto decían entre sí mismos, y entonces enviaron todos los Señores a llamar:

ea, vamos a jugar a la pelota, mancebos, y les preguntaron HUN-CAME y VUCUB-CAME,

¿de dónde habéis venido? Decidlo, mancebos.

Y dijeron ellos: no sabemos de adonde venimos, y no lo dijeron.

Está bien, dijeron los del infierno a ellos:

ea, vamos a jugar a la pelota, mancebos.

¿Dónde echaremos esta nuestra pelota de hule, dijeron los del infierno?

De ninguna suerte esta vuestra echareis, dijeron los mancebos.

Y dijeron los del infierno:

Está bien, dijo HUN-AHPU, y entonces arrojando la pelota los del infierno, fue derecha al bote de HUN-AHPU,

y viendo los del infierno el agudo herir cuando salía de la pala la pelota, se fue saltando sobre la tierra.

¿Qué es esto? Dijo HUN-AHPU y XBALANQUE,

¿solo tratáis de nuestra muerte?

¿por ventura no nos enviareis a llamar? ¿No fueron vuestros mensajeros?

Pobres de nosotros, nos iremos otra vez, les dijeron los mancebos a ellos, y esto lo que querían de ellos los mancebos que luego muriesen en el juego de la pelota, y no fueron vencidos;

no así los del infierno que fueron otra vez vencidos por los muchachos.

Y les dijeron, juguemos a la pelota, echaremos la vuestra, les fue dicho a los mancebos, y dijeron: está bien, y luego echaron su hule, y luego se acabó el juego de pelota, y dijeron los del infierno:

¿qué haremos para vencerlos?

Y les dijeron a los mancebos:

¡Nos traerán cuatro jícaras de flores!

Está bien, dijeron los mancebos

¿Y qué flores, dijeron los mancebos a los del infierno, queréis?

Queremos, dijeron ellos, CACAMUCHICH,

y SAGUIMUCHIH,

ZANAMUCHIT

y también CARINIMAC.

Está bien, dijeron los mancebos, y luego bajaron a una casa, donde no había más que navajas de CHAY, todos iguales y fuertes, y eran muchos CHAYES, y estaban sus corazones alegres cuando los pusieron en las navajas, para ser vencidos los dos mancebos, y estaban alegres los del infierno, cuando pensaron que ya los habían vencido.

Buena cosa hemos hecho, decían los del infierno,

¿adonde han de ir a tomar ahora flores?

Decían en sus corazones, en esta noche nos habéis de dar las flores;

ya os hemos ganado, les fue dicho a HUN-AHPU y XBA-LANQUE, por los del infierno,

Está bien, dijeron ellos, esta noche pelotearemos, dijeron cuando se pactaron, y entrando luego los mancebos en la casa de las navajas, que era el segundo castigo de los del infierno.

Estos intentaban que fuesen cortados por las navajas, y pensaban que luego al punto morirían; pero no murieron.

Y entonces dijeron a los CHAYES, y les mandaron a vosotros, tocarán todas las carnes de los animales, les dijeron a los CHAYES, y no se menearon más.

Sino que estuvieron quedos todos, y así estaban en la casa de las navajas aquella noche, y entonces llamaron a todas las hormigas, y decían:

¡hormigas de navajas, y hormigas del muslo, venid, venid todas, y traed todas las flores que hemos prometido a los Señores!

Está bien, dijeron ellas, y fueron todas las hormigas a traer las flores de la huerta de HUN-CAME y de VUCUV-CAME, y antes habían avisado al que guardaba las flores de los del infierno: no permitáis sacar flores, porque hemos ganado a los dos mancebos,

¿Y de dónde les pueden venir las flores, que les hemos ganado?

No hay de donde les vengan,

¡Velad toda la noche!

Esta bien, dijeron los guardas, y no sintieron los guardas de la huerta, sino que en balde estaban dando gritos en las ramas de los árboles de la huerta, y de allí vino su modo de cantar y hablar; el uno decía:

¡XPARPUEC ¡

¡XPARPUEC !,

esto decía cantando: el otro decía:

¡PUHUYA! ¡PUHUYA ¡

y así se llaman PUHUYA los dos guardas, de la huerta de HUN-CAME, y no sentían a las hormigas que sacaban las flores que guardaban, y venían como dando vueltas, y meneándose con las flores de sobre los palos y con los dientes alzaban las que estaban debajo de los palos.

Y los que guardaban, estaban dando gritos, y no sentían los dientes que les comían las alas y las colas, y así llevaban las flores que cogían con los dientes, y muy en breve llenaron las cuatro jícaras de flores y estaban colmadas cuando amaneció.

Y luego vinieron los mensajeros enviados, y dijeron:

dice el Señor que luego vengan lo que hemos ganado.

Está bien, dijeron ellos, y se fueron llevando las cuatro jícaras colmadas de flores, y llegaron ante el Señor, y los Señores tomaron las flores muy suaves, y así fueron vencidos los del infierno, y solas hormigas enviaron ellos los mancebos, y en una noche cortaron las hormigas las flores, y las pusieron en las jícaras, y así se espantaron todos los del infierno, y tenían los rostros pálidos por las flores, y les dijeron:

¿Porqué habéis dado hurtadas nuestras flores, que aquí vemos?

No lo hemos sentido, Señor, dijeron; y nuestras colas, mirad como están.

Y luego les rasgaron las bocas, en pago de haber dejado hurtar las flores, y así fueron vencidos HUN-CAME y VU-CUB-CAME, por HUN-AHPU y XABALANQUE.

Y esto fue el principio de sus obras: y entonces tomaron su boca de aquella suerte, rasgada el " PARPUAC", así está rasgada ahora, y luego echaron la pelota, y juntamente jugaban; y luego pararon de jugar a la pelota, se avisaron y citaron los unos a otros, que a la mañana habían de jugar otra vez: está bien, dijeron los mancebos, cuando dejaron el juego.

TRIGÉSIMA PRIMERA REVELACIÓN

Según me dejó indicado mi Carmencita, procedo a develar el gran misterio de las alianzas y de la cooperación y del apoyo como característica de estilo de vida para todos los que lean estas revelaciones y las adopten como propias.

Este capítulo 31 nos refiere, en primer lugar, el desarrollo de la capacidad de aliarnos con los más sencillos, con los más humildes, con los más débiles y con los más ignorantes de aquí en adelante, como elección preferencial de todo tipo de cooperaciones y de apoyo en las gestiones que hemos de emprender.

El capítulo 31 comienza con definir los beneficios del uso del libre albedrío en vez de asumir al fatalismo de la fuerza del destino, siempre que dejemos de ignorar lo que nos puede hacer fracasar.

El asiento caliente está predestinado para que fracasemos si nos sentamos en él.

Aceptar sentarse en esos asientos calientes tan solo porque son parte de los banquetes con los poderosos, con los fuertes, con los inteligentes, nos llevará a nuestra perdición.

El descubrimiento de la palabra «no» —cuando venga al caso una negación frente a la invitación procedente del deseo de codearse con el poder— es la primera herramienta que se nos concede ya revelada por mi Carmencita.

Las flores que los señores del infierno quieren que acarremos tienen el significado siguiente para nosotros:

CACAMUCHIH = nuestra soberbia de cara a los más sencillos.

SAGUIMUCHIH = nuestra soberbia enajenada, al creernos superiores e imitadores de los poderosos.

ZANAMUCHIT = nuestra soberbia cuando aceptamos la impunidad frente a las consecuencias por nuestros actos.

CARINIMAC = nuestra soberbia si nos llegamos a endiosar.

Los guardianes de estas flores de los señores del infierno se nos presentan en la forma o nahual de pájaro.

Advierte mi Carmencita que las aves de nuestra era actual fueron reptiles al principio y por eso es que conservan su instinto de cazadores.

Nos advierte de la falsedad en cuanto a dejarse equivocar por estos disfraces que esconden sus trampas.

El canto de estos guardas tiene la misión de entretenernos mostrando belleza que entretiene y que confunde a fin de que nos sirva de pérdida de tiempo, de pérdida de rumbo; y que lo banal llegue a llenar nuestros sentidos con la intención de alejarnos de lo trascendental representado en esos objetivos que nos hemos impuesto para progresar.

La casa de las navajas representa aquí la ilusión de seguridad por las armas en vez de confiar más en el conocimiento.

La consulta con los científicos debe anteponerse a todo tipo de autoritarismo en la toma de nuestras decisiones, y la obediencia a la lógica se vuelve programa, según nos lo recomienda mi Carmencita.

CAPÍTULO 32

Y entraron en la casa del frío;

no era sufrible el frío que en ella había, y el hielo que había en ella, en la casa del frío;

y luego se agotó el frío por ellos los mancebos, y no murieron, sino que vivos amanecieron,

Y esto era lo que querían los del infierno, verlos morir, y que allí muriesen, y no fue así, sino que buenos cuando amaneció, y estaban atentos los que los vinieron a llamar, y fuéronse los guardas, y dijo el Señor del infierno:

¿qué es esto, cómo, no han muerto?,

y se maravillaron otra vez de los prodigios de HUN-AHPU y de XBALANQUE.

Y luego entraron en la casa de los tigres;

no eran contables los que habían en la casa;

no nos mordáis, les dijeron,

¡Ay, que sea vuestra comida!

Y luego echaron los huesos ante las bestias, y luego empezaron a quebrar sobre los huesos.

Éa, ya acabaron, ya se los comieron, ya se dieron, aquellos son los huesos, lo que comen;

esto decían los guardas todos, y estaban alegres de aquello:

mas no murieron, y así mismo salieron buenos de la casa de los tigres, y dijeron los del infierno:

¿qué género de hombres sois, de adonde vinisteis?

Y luego los metieron en una casa de fuego, donde solo había fuego, y no fueron abrasados por el fuego, sino que hermosos y buenos cuando amaneció;

y esto querían que allí luego muriesen dentro del fuego;

pero lo sobrepujaron así mismo, y con eso estaban desesperados los del infierno.

Y luego otra vez en la casa de los murciélagos, que no había más que murciélagos dentro, una casa de murciélagos, tomadores grandes brutos, así como CHAQUITZAM era su matanza, que luego perecían los que llegaban a su presencia, y allí estuvieron dentro;

pero durmieron dentro de sus cerbatanas, y no fueron mordidos por los murciélagos, y allí se estuvieron por un grande murciélago que vino del cielo, y se manifestó cuando fue hecho por él, y tomaron consejo.

Toda la noche estaban reboleando y decían ¡QUILITZ! ¡QUILITZ!

Así estuvieron diciendo toda la noche, y parando todos, ya ni uno de los murciélagos se movía, estaban pegados a la punta de la cerbatana, y dijo XBALANQUE a HUN-AHPU:

ya habrá quizás amanecido;

¡veamos!

Y queriendo ver, sacó la cabeza a la boca de la cerbatana;

quería ver si había amanecido, y luego fue cortada su cabeza por el CAMAZOTZ, quedando solo el cuerpo de HUN-AHPU.

Dijo el otro, que haya amanecido, dijo XBALANQUE, pero no se meneaba HUN-AHPU;

¿qué ha sido esto?

Y ya no se movía, sino que se estaba acostado.

Y luego se espantó XBALANQUE,

¡Ay, ay! desdichado; esto dijo:

Y luego fueron a ponerla cabeza al cementerio, que así lo había ordenado el HUN-CAME y VUCUB-CAME, y alegrándose todos los del infierno por la cabeza de HUN-AHPU, y luego llamando a todos los animales;

el pizote,

al puerco,

a todos, chicos grandes,

a la noche y a la mañana, les dijo:

os he llamado para señalaros vuestra comida a cada uno, esto les dijo XBALANQUE:

tomad vuestra comida.

Y dijeron ellos:

está bien, y entonces se fueron a tomar dada uno posesión de su comida, cuando todos se fueron a manifestar; unos tomaron la podredumbre por comida, otros hierbas, otros piedras, otros tierra: diferentes fueron las comidas de los animales grandes y chicos, y a lo último vino uno que era tortuga, que venía dando vueltas a tomar su comida, y este se puso en lugar de la cabeza de HUN-AHPU, y luego se labraron los ojos, y muchísimos sabios vinieron del cielo; vino EL CORAZÓN DEL CIELO, y vino HURACÁN; a la casa de los murciélagos vinieron.

Y así nomás se acabó su cara, estuvo muy buena y salió muy hermosa y así mismo habló, y cuando quería ya amanecer que aclaraba el cielo, le fue dicho al zopilote: otra vez señala y oscurece.

Y dijo el viejo:

Está bien, y luego se obscureció, cuatro veces señaló el viejo zopilote, y así dicen ahora que raya el zopilote, cuando quiere amanecer, y así estaba fresco cuando se empezó hacer.

Si, está bueno, dijeron, cuando sea hecho HUN-AHPU, y dijo, bien estará, y así mismo será hueso su cabeza, y fue hecho como si fuera su cabeza, y después se avisaron entre sí, que yo solo lo haré, dijo XBALANQUE a él.

Y luego mandó a un conejo, y le dijo:

anda, estate allí en el cementerio, y métete allí en el tomatal, le fue dicho al conejo por XBALANQUE, y cuando llegue el hule a ti, luego sal, que yo lo haré,,lo que he de hacer; le fue dicho al conejo, cuando se le mandó aquella noche, y cuando amaneció estaban ambos buenos.

TRIGÉSIMO SEGUNDA REVELACIÓN

Me mandó a decirles mi Carmencita que en este capítulo 32 pongamos mucha atención a la intención del relato que nos traduce ella para las generaciones del siglo 21 en delante de la siguiente manera:

La adversidad es una realidad de la vida humana, y sus intentos serán variados por lograr la ruina de las personas.

Entonces nosotros estamos convocados por este pasaje del POPOL VUH a poner resistencia al estilo de los dos brujitos, HUN-AHPU y XBALANQUE.

Noten la variedad de trampas que pone la adversidad.

Una **casa del frío** es vencida por la voluntad de vencer.

Una **casa de los tigres** es vencida por la substitución del anhelo o pasión dominante de los tigres, representada por los huesos ajenos que proveen los dos brujitos a los tigres.

Aquí muy puntualmente mi Carmencita nos pide ponerle atención al poder imperativo que nos transmite la fuerza mágica de estas revelaciones.

«¡No nos comáis!» es una frase tajante.

Noten que no es una orden a secas, como tampoco se trata de una súplica.

Mi Carmencita quiere que entendamos que se trata de **una convicción.**

Como herederos del POPOL VUH, estamos dotados de esa energía determinante de nuestro propio destino al modo de la imagen del albedrío, que es contrario al fatalismo.

Una **casa de fuego** es vencida no por virtud propia sino por traspaso de una competencia espiritual y mágica que emana de aceptar la herencia que nos hacen los chamanes originales, quienes mantuvieron viva por la tradición oral aquella experiencia iniciada en los montes del Himalaya, desde donde dieron el primer paso durante la gran helada para quedarse en el actual territorio de Mesoamérica, instruyendo a las generaciones de nuevos chamanes.

Una vez ya en la **casa de los murciélagos**, HUN-AHPU se descuida por su prepotencia y es descabezado por CAMA-ZOTZ, el espíritu adversario que toma la forma del murciélago en este relato 32.

Esta revelación 32 es una advertencia para las generaciones desde el siglo 21:

- No apoyarse en una autoseguridad engañosa, quiere decir esta advertencia.

- No permitir que se apodere de nosotros la prepotencia.

- No dejar que **la rutina** pervierta nuestras competencias.

Mi Carmencita me pidió encarecidamente explicar, en esta revelación 32, que estas aclaraciones del texto del POPOL VUH le fueron manifestadas en sus ejercicios espirituales —sobre todo en la condición del éxtasis—.

Me dijo repetidas veces que les dejara claro a ustedes que yo no he recibido estas revelaciones directamente, sino por su intermedio, pero que el mandato claro e insoslayable de traspasar estas revelaciones a las generaciones desde el siglo 21 en adelante queda bajo mi responsabilidad unipersonal.

El desenlace de este capítulo 32 nos muestra de manera clara que podemos depositar nuestra confianza en nuestras competencias unipersonales, pues hay un premio mágico y bondadoso para quienes logren cultivar sus competencias propias hasta un grado de perfección.

Quiere decir que todo aquello en lo que descubramos que somos competentes, lo cultivemos y tratemos de perfeccionar.

Certificar estas competencias propias es un camino que nos propone mi Carmencita como facilitación de los señores chamanes a nuestro favor.

Vamos a comenzar a unirnos espiritualmente con esos señores chamanes primigenios desde el mismo instante en que nos convenzamos de que «hemos salido buenos» de los intentos perversos de la adversidad.

CAPÍTULO 33

Y echando la pelota, estaba la cabeza de HUN-AHPU en el cementerio, ya fueron ganados, ya se hizo, ya te diste, le fue dicho, y así mismo se encogía HUN-AHPU.

Y es dicho cabeza nueva de hule y no sentía dolor, sino solo se amagaban, y luego que arrojaron el hule los Señores del infierno, salió al encuentro XBALANQUE, y derecho el hule al bata, allí paró, y salió a toda prisa, pasó sobre el cementerio, y fue derecho al tomatal.

Y saliendo entonces el conejo saltando, luego fueron en seguimiento suyo con gran ruido y vocería, fueron tras el conejo todos los del infierno.

Y luego fue tomada la cabeza de HUN-AHPU, y con esto estaban alegres, entrambos dos, y luego fueron a buscar el hule los del infierno;

y ya había sido cogido allí en el tomatal, y luego fueron llamados:

venid, donde está el hule nuestro, y que lo hallemos, dijeron:

¿qué es esto, que hemos visto?

Y luego empezaron a jugar a la pelota, y luego fue tirado a
la tortuga por XBALANQUE, y vino haciéndose pedazos al
cementerio, y desbaratando las pepitas en su presencia.

¿Quién será el que vaya por ella y la vaya a traer?

Y así fue el vencimiento, o ser vencidos los Señores del
infierno por HUN-AHPU y XBALANQUE, y aunque estuvieron en gran trabajo, no murieron con todo lo que con ellos
hicieron.

TRIGÉSIMO TERCERA REVELACIÓN

Mi Carmencita reitera la dualidad de nuestra existencia en ambos planos: el espiritual y el corporal.

La metáfora de «perder la cabeza» equivale al peligro permanente de sucumbir espiritualmente frente al inmenso poder de la adversidad.

Mientras todo suceda afín a nuestros cálculos plasmados en nuestros propósitos, mantendremos nuestras cabezas con nosotros.

Pero en el momento en que los imponderables no funcionen a nuestro favor, estaremos perdiendo la cabeza, o sea, perderemos la iniciativa en la conducción de nuestra vida.

La satisfacción de la adversidad puede cambiar para favorecer nuestra causa.

El conejo ha sido considerado como un símbolo de la reproducción de la especie, como anuncio de una estirpe que cada uno lleva por dentro, de la cual somos calcados, y podemos darle continuidad con nuestro aporte reproductor.

El tomatal aquí está simbolizando la salsa que junta al tomate con el chile; se juntan para acompañar las recetas a base de maíz.

El cementerio aquí está simbolizando un terreno cercado a la condición transitoria que asumimos al morir nuestro cuerpo, separándose de nuestro espíritu.

De esta manera, el proceder de la adversidad es todo lo que se oponga a nuestra prosperidad.

Esta es la enseñanza que se esconde en este capítulo 33.

Por lo tanto, mi Carmencita me mandó a revelar esta interpretación del POPOL VUH, anunciando que **la paciencia deberá estar basada en la certeza del triunfo nuestro sobre la adversidad.**

CAPÍTULO 34

Y ahora diremos aquí la memoria de la muerte de HUN-AHPU y XBALANQUE y del modo que murieron.

Habiéndoles mandado hacer todos los tormentos que con ellos hicieron, no murieron por los castigos de los del infierno, ni fueron vencidos por todos los animales que mordían, que allí estaban en el infierno, entonces enviaron a dos adivinos, así como espiadores y miradores que se llamaban XULUPACAM, que eran sabios: y si se os pregunta por los Señores del infierno, tocante a nuestra muerte, que están juntos en consejo, porque no hemos muerto, y no hemos sido vencidos, y porque hemos echado a rodar todos sus castigos, porque no tienen los animales que ver con nosotros.

Esta es la señal del instrumento de nuestra muerte:

Una piedra abrazadora será el instrumento de nuestra muerte, por ellos, ya se han juntado todos los del infierno.

Empero no de verdad moriremos, y esto que os avisamos, es lo que habéis de saber y hacer, si es, preguntar acerca de nuestra muerte, que seamos despedazados, decid que diremos, y estaos cabizbajos, si dijeren a vosotros:

No será bueno que echemos sus huesos en la barranca, así mismo decid, no será bueno, porque resucitarán otra vez;

y así dijeron, si será bueno que los colguemos en polos, así mismo decid, no será bueno, porque volveréis a verlos sus caras, y cuando tercera vez, si será bueno que echemos sus huesos en el río, y si otra vez se os fuere dicho por ellos, decid que eso será bueno, que se haga para que mueran, y también que sean molidos sus huesos, ye hechos harina, así como se muele en la piedra la mazorca;

que cada uno sea molido, y que luego sean echados en el arroyo, allí donde cae la fuente, para que se vayan por todos los cerros chicos y grandes;

así habéis de decir y manifestar este nuestro aviso que os hemos avisado.

Esto dijeron HUN-AHPU y XBALANQUE, que ya sabían su muerte, e hicieron una grande hoguera, como hoyo en la tierra, como la de ellos, hicieron los del infierno, y pusieron gran rescoldo, y luego vinieron los mensajeros que les acompañaban, mensajeros de HUN-CAME y VUCUB-CA-ME, que vengan, dijeron, y que vamos con los mancebos, que vayan a ver como se curan, os dice el Señor, mancebos; esto les fue dicho:

TRIGÉSIMO CUARTA REVELACIÓN

¡Vaya misterio que nos desvela mi Carmencita en esta revelación 34!

Ni más, ni menos, la trascendencia que vence lo banal en cuanto al recuerdo imperecedero de los que transitan desde la vida hacia la muerte.

La idea de la creación del hombre de maíz se nos ha explicado ya por ella: que sucedió cuando el hombre comió el maíz —lo probó por primea vez— y de esta forma cósmica los dioses del cielo ingresaron en el organismo humano usando el maíz como vehículo.

Ahora, en esta revelación 34, hemos de entender la metáfora contenida en la aceptación de que los huesos se muelan al igual que la harina del maíz contenida en la masa para las tortillas o para los tamales.

Luego nos revela mi Carmencita que tirar estos despojos de los huesos molidos en la fuente del río para que se esparzan, equivale al recuerdo en alto que se guardará en memoria nuestra.

Nuevamente mi Carmencita nos manda a decir por medio de esta revelación autorizada por ella misma, que pongamos especial atención en lo que hay de símil en las siguientes circunstancias:

Toda cultura comienza con la domesticación de una planta. Así tenemos la cultura del arroz en Asia, la cultura del trigo en Mesopotamia y Europa y la cultura de la papa en el inmenso Imperio inca.

Para Mesoamérica, los ancianos chamanes originales nos dispusieron una planta que necesita de polinización a mano (al principio).

El maíz tuvo que ser polinizado para fructificar. Esta condición —muy superior en la exigencia de una respuesta inteligente— fue reservada a nosotros, los del misterio revelado desde este momento.

Vemos con claridad el arco del momento instantáneo y fugaz que llenó súbitamente el saber del pueblo maya para descifrar el misterio de la agricultura del maíz polinizado.

El significado para nosotros:

Que vamos a vencer a la muerte orgánica por medio de la trascendencia de nuestra vida espiritual.

CAPÍTULO 35

Está bien, dijeron, y luego a prisa se fueron, y llegaron a la boca de la hoguera, y allí les quisieron hacer fuerza los que jugaban, apretad este nuestro dulce, cuatro veces volaremos cada uno, mancebos;

esto les fue dicho por HUN-CAME;

y dijeron ellos:

no nos engañéis así, por ventura,

¿no sabemos nosotros nuestra muerte, Señores?

Mirad, dijeron, y entonces poniéndose las caras encontradas, y se tendieron las manos, crucificándose ambos dos, y boca abajo se fueron a la hoguera, y allí se murieron ambos dos, y con esto estaban muy alegres los del infierno, y silbando y gritando, decían:

ya se ganaron, ya se dieron;

y después llamaron a XULUPACAM, a quien dejaron su palabra, y así mismo fue preguntado:

¿por dónde fueron sus huesos?

Y luego los molieron y los hicieron harina, y los fueron a arrojar al río, y no se fueron lejos, sino que luego se fueron a fondo, y fueron convertidos en dos hermosos mancebos y se manifestaron otra vez.

Y al quinto día se manifestaron otra vez y fueron vistos en el agua por la gente, adonde así como pescado hombre se parecieron, y cuando fueron vistos por lo del infierno, fueron buscados por todo el río y al día siguiente se manifestaron dos pobres, pobres sus caras, y pobre todo lo que tenían, sus trapos y ropas, y no tenían cosa de importancia en sus caras, y entonces fueron vistos por los del infierno, y todo era lo que hacían,

solo el BAILE DEL PABAY,

de la COMADREJA y del ARMADO, y del XTZUL y de CHI-TIC,

era lo que bailaban; y después hicieron muchos prodigios:

quemaron la casa, como si ciertamente se quemara, y luego al punto volvía otra vez a su ser, y lo miraban embobados muchos del infierno, y luego se despedazaban, y se mataba el uno de ellos, y se ponía como muerto, y así mismo luego se resucitaba, y estaban embobados todos los del infierno;

y dieron principio a ganar y vencer a los del infierno.

Y luego que llegó la noticia a los oídos de los del infierno de su baile a HUN-CAME y VUCUB-CAME,

¿qué dos pobres son esos?

Dijeron cuando lo oyeron,

¿es así verdad?

De verdad, dijeron, es cosa maravillosa, su baile y todo lo que hacen, dijo el que dio la noticia a los Señores, y oyéndolo gustosos entonces enviaron sus mensajeros que los llamasen que vengan acá a hacer eso, nos divertirán, y admiraremos, y nos maravillaremos, decidles que lo dicen los Señores.

Esto les fue dicho a los enviados, y fueron con los que bailaban, y les dijo el mensaje de los Señores a ellos.

No queremos, dijeron, porque tenemos miedo.

Por ventura no nos afrentaron en la casa de los señores, porque son fieras nuestras caras, que somos pobres, y por ventura no es visto que somos solo bailadores,

¿qué diremos a nuestros compañeros pobres que desean nuestro baile, y se divierten con nosotros?

¿por ventura, así lo haremos con los Señores? Ya ¿Si nos queremos?

Mensajeros, esto dijeron HUN-AHPU y XBALANQUE.

Y se les llenaron los rostros de amargura y dolor, y fueron con sentimiento, porque no querían ir, y muchas veces los forzaron, y crujían los dientes los mensajeros de enojo delante de los que por ellos venían, y fueron entonces ante los Señores.

Y llegaron delante de los Señores, e iban tristes, cabizbajos, y así llegaron y se humillaron, y hicieron reverencia, y se postraron, todos hechos andrajos, que ciertamente parecían pobres, y entonces se les fue preguntado por su patria y su pueblo, y también se les preguntó por sus padres y madres.

¿De adónde sois, de adonde habéis venido?

No lo sabemos, Señor, no conocemos la Casa de nuestros padres y madres, éramos nosotros chiquitos cuando murieron; solo esto dijeron y no otra cosa.

Está bien, éa, haced que nos divirtamos, ¿cuánto queréis de vuestro trabajo?

Y lo daremos, les fue dicho a los pobres.

No queremos nada, que de verdad tenemos vergüenza, bailad y hablad primero, aquello de despedazaros, y quemad mi casa, haced todo lo que sabéis, nos divertiremos, que así lo quieren nuestros corazones, y os iréis, y os daremos vuestro precio, que sois unos pobres, les fue dicho.

TRIGÉSIMA QUINTA REVELACIÓN

Este misterio queda revelado de la siguiente manera por medio de mi Carmencita para nosotros, la generación revelada:

Se entiende que **la solidaridad es un principio irrenunciable** desde ahora en adelante, pues contiene la substancia catalizadora para resistir los ataques de la adversidad.

Los huesos molidos y echados al río representan el misterio de la solidaridad, que produce un peso específico de esta harina generacional y se asienta por debajo de las corrientes o tendencias, o modas, o ideologías ajenas, que componen ese río.

Por eso vamos a dejar que pasen por encima de nosotros todas las crisis venideras.

Nos vamos a sumergir y nos vamos a anclar en el fondo, en el piso del río de la vida.

Este suelo en el fondo del río significa la sedimentación de nuestros principios y revelaciones.

Todas las tendencias, modas e ideologías son pasajeras, pero nuestro saber popular es más fuerte y nos sirve de asidero, de anda.

Se entiende que desde ahora en adelante vamos a aceptar un estilo de vida que aparente la sencillez y la humildad exterior.

Lo superfluo no debe caber en nuestra imagen de nación y los lujos tienen que quedarse afuera de nuestra imagen personal.

La creación de los capitales de familia son procesos socioeconómicos que van en clave plural.

El ideal del **nuevo mesoamericano espiritual revelado desde el siglo 21** por intercesión mágica de mi Carmencita debe quedar reflejado en la opción preferencial por «amarrar» la fortuna de todos los miembros de cada familia.

Las adquisiciones deben ponderarse ahora desde la óptica de «inversión» en vez de la categoría de «gasto».

Obtener una propiedad como **bien de familia** sería el ideal más grande.

Invertir en un automóvil debe equivaler al ahorro comparativo con la hipótesis del costo del transporte público calculado en todo el tiempo de vida útil del automóvil familiar.

Ubicar el beneficio derivado de asistir a una función de espectáculo debe ser la medida para este desembolso familiar.

Dejarse ver por determinadas personas, o coincidir en el mismo evento con ellas para platicar de asuntos importantes, equivale a aceptar ese desembolso como inversión más allá de su definición como «gasto» si es que dejarse ver por estas personas fuese el beneficio de asistir a dicho evento.

Una dieta sana debería ser una motivación más alta que la imagen fantasiosa del estatus social de que nos perciban como personas saludables.

Invertir en una alimentación sana que refuerce el aparato inmunológico es una inversión en salud profiláctica.

Adoptar un traje nacional de bajo costo, pero de impacto visual capaz de identificar a la persona como nacional mesoamericana, nos puede servir de ejemplo de este estilo de dignificación de nuestro estilo de vida caracterizado por la sencillez y la humildad.

Pienso que Mesoamérica tiene climas generalizados como tropicales y por ende son de temperaturas más bien altas, por encima de los 25 grados a la sombra; y por esa razón es que puedo recomendar que el color blanco sea prevaleciente, no importando la tendencia del corte de los trajes, tanto masculinos como femeninos.

Esta es la explicación del comportamiento de los dos brujitos maya como exhortación a tiempo presente.

La adversidad equivale a los señores de XIBALBÁ.

Mi Carmencita nos revela el camino hacia el éxito en las relaciones interpersonales, y también con las potencias extranjeras, cuando nos conduce a la investigación de los gustos y preferencias ajenas.

Conociendo las pasiones dominantes de nuestros interlocutores podremos montar nuestro teatro de operaciones y actuar en perfecta armonía con ese cuadro de situación.

Que los señores quisieran divertirse es aquí el equivalente al descubrimiento de esas pasiones dominantes ajenas.

Proponernos en el diálogo como capaces de llenar estas aspiraciones ajenas es nuestra ventaja comparativa, es la ampliación de nuestro espacio de maniobra, y es nuestra arma secreta para nuestro éxito.

Crear la ilusión en nuestros interlocutores de que son ellos quienes deciden, o nos compran nuestros talentos y dones en vez de percibirnos como si somos nosotros quienes los estamos convenciendo de hacerlo: esta es la clave que nos revela mi Carmencita.

Mansos, humildes, capaces y eficientes, y al mismo tiempo «interesantes», sería el formato ideal que nos caracterice, desde ahora en adelante, como **mesoamericanos espirituales del siglo 21.**

Cuando se refiere a la reaparición al quinto día, mi Carmencita me manda a revelarles que eso significa para nosotros «En el quinto intento que hagamos por superar una determinada prueba de la vida».

Es algo parecido a salir de una operación quirúrgica y comenzar el proceso de rehabilitación postoperatoria:

- reaprender a caminar sin ayudas,

- recomponer las dietas desde entonces,

- reinyectar los fondos económicos que exigió el pago de la operación,

- recomenzar a usar el tiempo de ocio, y

- reprogramar las actividades, ya incluyendo las medidas de precaución (profilaxis) para evitar una recaída.

En el fondo, me explicó mi Carmencita, que no se trata de una medición matemática de **cinco tantos,** sino que la revelación 35 la debemos tomar como una recomendación generalizada sujeta a los cambios que nosotros consideremos prudentes y oportunos.

Presentarnos a la vida con un talante opuesto a la definición de prepotencia es aquí el significado del relato 35, de la respuesta de los brujitos maya declarándose como algo impotentes ante los señores de la adversidad.

Es una forma precavida de no atraer la fuerza de la adversidad, sino que esta se confíe frente a nosotros.

Este relato 35 nos indica que para la generación revelada desde el siglo 21 ya no tiene el mismo pedestal de antes ni el estatus social, ni la descendencia de familia como razones de aprecio o de desprecio entre nosotros.

El significado de la «vergüenza» que declaran los dos brujitos maya es que estamos invitados a presentarnos con la mayor sencillez y humildad ante los demás para lograr rebajar sus expectativas con respecto a nuestro desempeño y competencias propias.

Se trata, entonces, de una declaración de nuestros límites.

Reducir los límites de nuestras competencias individuales (calculadoramente por nosotros), a fin de que eso nos facilite obtener una mayor aceptación al sorprender positivamente con un desempeño que no se podían haber imaginado en nosotros.

Se trata de apostar al perfil más bajo de nosotros.

CAPÍTULO 36

Y luego empezaron su canto y su baile, y luego vinieron a ver todos los del infierno, se juntaron a divertirse, y todo lo bailaron,

LA COMADREJA,

EL PUBAY,

EL ARMADO,

y les dijo el Señor a ellos, éa, despedazad aqueste mi perro, y volvedlo a resucitar otra vez, les fue dicho.

Si, Señor, dijeron, y entonces despedazaron al perro, y lo resucitaron otra vez, y meneaba la cola, y se holgó mucho el perro, cuando lo resucitaron, y meneaba la cola, y díjoles el Señor:

¡éa, quemad esta mi casa!

Y quemaron la casa del Señor y estando todos los Señores amontonados en la casa, no se quemaron, y luego en breve volvieron la casa a su ser: no un instante estuvo la casa perdida de HUN-CAME, y maravilláronse todos los

Señores, y así mismo bailaban y se alegraban mucho, y les fue dicho por el Señor:

éa, despedazad un hombre, y que no muera, les fue dicho.

Esta bíen, y cogiendo a un hombre lo rebanaron, y levantaron en alto el corazón de aquel hombre, y lo manifestaron delante de todos los Señores, y se maravillaron otra vez, HUN-CAME y VUCUB-CAME, y en un instante lo volvieron a resucitar, y se alegró mucho cuando fue resucitado, y se maravillaron los Señores,

éa, ahora despedazaos a vosotros mismos, que lo deseamos ver este vuestro baile, les dijeron los Señores:

Está bien, dijeron ellos, y luego se despedazaron, y HUN-AHPU fue rebanado por XBALANQUE, y todo lo fue dividiendo en partes, sus brazos y piernas, le cortó la cabeza, y la echó lejos, y le sacó el corazón, y fue echado en el zacate, y estaban borrachos todos los Señores del infierno de ver aquello, y solo el estaba bailando, que era XBALANQUE, y dijo:

¡éa, levántate ¡y luego al punto resucitó:

Grandemente se alegraron y se alegraban los Señores, y eso hacían para alegrar a HUN-CAME y VUCUB-CAME, y así como si bailasen, sentían el gozo.

Y luego les vino en deseo su desesperación a los Señores de este su baile de ellos de HUN-AHPU y XBALANQUE, y entonces salió el Mandato de HUN-CAME y VUCUB-CAME:

¡haced también con nosotros eso, despedazadnos, de uno en uno despedazadnos!

dijeron HUN-CAME y VUCUB-CAME a HUN-AHPU y XBA-LANQUE.

Está bien, alegraos,

¿no nos trajisteis para que te alegráramos, a vosotros que sois Señores de vuestros vasallos?

Les dijeron a los Señores, y el primero fue despedazado, el que era cabeza y Señor del infierno, llamado HUN-CAME, y muerto ya HUN-CAME, fue cogido VUCUB- CAME, y no los resucitaron.

Y luego se salieron huyendo cuando vieron muertos a los Señores, se fueron corriendo a grandes brincos, y abiertos ambos a dos, y solo se hizo en castigo.

En un instante murió el Señor, y no volvió a resucitar, y un Señor que se había salido, entró ante los bailadores, no lo cogieron, pidió misericordia cuando se conoció.

Y todos se fueron, todos los vasallos, a una gran barranca, y todos se metieron todo en un gran hoyo, y allí estaban todos metidos cuando vinieron infinitas hormigas, que los fueron a punzar a la barranca, y así los fueron a echar, y viniendo, se entregaron todos como ya vencido su Señor del infierno, y solo por maravilla y milagro se trocaban y mudaban cuando hacían esto, y luego dijeron sus nombres, y se alabaron ante todos los del infierno.

TRIGÉSIMA SEXTA REVELACIÓN

Aquí se habla de la curación mágica de las enfermedades que se manifiestan como anomalías del organismo.

Siguiendo el pensamiento congruencial de los chamanes originarios que redactaron este relato primeramente, los seres humanos estamos hechos para vivir en dos planos: el espiritual y el natural.

Las enfermedades, entonces, se consideran como desequilibrios espirituales que producen las anomalías corporales.

El desarmar y rearmar los cuerpos de una forma chamanística —en el relato— se interpreta aquí como la potestad del chamán de sanar la anomalía corporal y de recuperar el equilibrio espiritual de una misma vez.

El chamán usa la situación de trance para lograr la percepción del espíritu del paciente y encontrar el desequilibrio de ese espíritu.

El chamán en trance encuentra el desequilibrio y ora ante los dioses buenos por que se produzca graciosamente (por gracia divina) ese regreso mágico al equilibrio del espíritu.

También mi Carmencita nos revela en este momento que la oración del chamán **no es suficiente** para motivar a los dioses buenos y que esto nos explica el sacrificio espiritual del propio chamán para favorecer al paciente.

El chamán se ofrece como víctima propiciatoria ante los dioses buenos y entrega una parte de su propia energía espiritual como pago por el favor de la devolución mágica del equilibrio espiritual del paciente.

Esta revelación 36 es importante para comprender el mecanismo de la recuperación de la salud quebrantada.

Primero se repara el espíritu y después se sana el cuerpo.

Por lo tanto, la muerte de los señores del infierno y su confinamiento en el hoyo en donde son acosados por las hormigas (sentido del arrepentimiento) equivale al triunfo de los dioses buenos, en cuanto a mantener la armonía universal, incluyendo el equilibrio espiritual de los seres humanos, a quienes favorecen como favoritos esos dioses buenos.

CAPÍTULO 37

Oíd, diremos nuestros nombres, y duremos también los nombres de nuestros padres a vosotros, nosotros somos HUN-AHPU y XBALANQUE, así nos llamamos, y nuestros padres son aquellos que matasteis, que se llamaban HUN-HUN-AHPU y VUCUB-HUN-AHPU, y nosotros somos los vengadores de la pena y dolor de nuestros padres, y de todos los males que les hicisteis, y así a todos os hemos de acabar y matar, y ni uno ha de escapar, les fue dicho.

Y luego cayendo todos, llorando los del infierno, tened misericordia de nosotros HUN-AHPU y XBALANQUE, y ciertamente pecamos en gran manera contra vuestros padres que decís, y están enterrados en el cenicero, dijeron.

Esta bien, dijeron ellos, ahora oíd todos los del infierno esto que os decimos, porque no es grande vuestra dicha y fortuna, y porque no es grande vuestro don, y poco será vuestro ser cabezas, no será vuestra la sangre limpia, solo las tejas y comales, y los mecates;

y solo seréis madres de lo que se envejece, y solo los hijos de la paja y los hijos de las yerbas os pertenecerán, y no os pertenecen los vasallos esclarecidos, sino que perecerán en vuestra presencia, y los malos y pecadores, los tristes y desventurados, que pecan, entrad en ellos, y no sea repentina la cogida de los hombres, y ved y atended sobre esta enfermedad de sangre, les fue dicho a todos los del infierno.

Y así empezó su ser, perdidos y horrados, y su ser invocados, y no era mucho su poder antiguamente, sino que eran enemigos, y contrarios de los hombres antiguamente, y no serán dioses, ni así se llamaban antiguamente,

Y así mismo era el espanto de los males, las caras de estos enemigos, tecolotes, y eran engañadores e incitadores de las culpas y pecados, y eran también de doblado corazón, y traidores envidiosos, y los *oprimidores* eran dichos, y carteaban sus caras, y guerreaban, y así fueron perdidos, y cayó su grandeza, y ya no fue grande su imperio.

Y esto es lo que hicieron HUN-AHPU y XBALANQUE, y esto es lo que llora y lamenta aquella nuestra abuela delante de aquellas cañas que dejaron sembradas, que retoñó y luego se secó cuando fueron quemados en la hoguera, y cuando

otra vez retoñaron las cañas, quemó el copal aquella su
abuela, delante de las cañas, en memoria de sus nietos,

y por esto se alegró mucho su abuela, cuandopor segunda
vez retoñaron las cañas, y entonces empezó la idolatría
por su abuela, y entonces fue llamada la mitad de la casa,
y la mitad del centro o remolino, y llamose CHATAM ULEU,
tierra hecha cama y así se llamó el medio de la casa, y del
remolino por ellos, porque en el medio de la casa fueron
sembradas las cañas, y así fue dicha tierra hecha cama,
porque fueron puestas las cañas sobre esta tierra hecha
tapesco, donde se siembran las cañas, y también por eso
se llamó CAZAMHA (cañas puestas), porque retoñaron, y
entonces les fue puesto el nombre por ellos a XMUCANÉ,
porque dejaron sembradas las cañas HUN-CAME y XABA-
LANQUE, para memoria de ellos, para su abuela,

y estos fueron nuestros primeros padres antiguamente:

HUN-HUN-AHPU y VUCUB-HUN-AHPU que vieron las
caras de los del infierno,

y hablaron otra vez a sus padres sus hijos,

y vencieron a los del infierno.

Y esta fue su ajuntadura con sus padres por ellos y ha-
lláronlos el HUN-AHPU allá en el cenicero, y allá lo fue a

hallar, adonde se arrojaba la ceniza, y así mismo su cara, quiso alas, y se le fue preguntado su nombre y su boca y narices, los ojos, y halló primero su nombre, y poro fue lo que habló, y solo nos se dijo el nombre de HUN- ALPUIL, su boca, y solo fue dicho, y así engrandecieron antes el corazón de su padre, y quedó el cenicero, para que allí se haga vuestro invocamiento.

Esto dijeron sus hijos a él, cuando se consolaron:

y primero seréis invocados y saludados por todos los esclarecidos hijos vasallos, y no se perderá vuestro nombre cuando amanezca la claridad, les dijeron a sus padres, consolándose, y nosotros somos los vengadores de vuestra muerte, y de las penas que os dieron, y así fue su avisamiento, ya vencidos todos los del infierno, y luego se subieron acá al mundo y en un instante subieron al cielo, y uno de ellos fue puesto por sol, y el otro por luna, cuando se aclaró el cielo, y también subieron los cuatrocientos muchachos que mató el SIPACUA,

y estos fueron compañeros suyos y fueron hechas las estrellas del cielo.

TRIGÉSIMA SÉPTIMA REVELACIÓN

Me ordenó mi Carmencita que explicara el significado de este capítulo 37 a «los revelados» que lean esta revelación 37.

El encuentro generacional revelado con los primeros chamanes que se asentaron en Mesoamérica en verdad que es un reencuentro deseado por aquellos nuestros abuelos protomayas.

La generación revelada asume el rol de HUN-AHPU y de XBALANQUE como agentes reivindicadores del **olvido.**

Este olvido de los orígenes de la cultura maya no fue un acto impuesto, sino que fue un acto de preservación hasta que llegara esta era de madurez espiritual del ahora y aquí.

Los que se burlan de estas revelaciones, o que las niegan, asumen aquí el rol de los del infierno.

Sus lloriqueos e intentos de escapar de esta revelación se han de manifestar en nuestros días por medio de una actitud de indiferencia.

Invisibilizar o menguar la importancia de las consecuencias irreversibles de estas revelaciones ya está previsto que deberá suceder de ahora en adelante.

Nos deja dicho mi Carmencita, como una fórmula mágica dedicada a aliviar de los pesos muertos a la gran marcha de las generaciones reveladas, que «quien no ayuda, estorba».

A los reacios que leyendo estas revelaciones no las asuman, los calificaremos como a aquellos señores del infierno ya vencidos; porque se vuelven seres incapacitados como para hacer el bien con sus dones (sus conocimientos, destrezas y competencias propias).

Esto explica su exclusión como líderes de la generación revelada (equivalentes a la sangre limpia), y tan solo van a disponer de tejas y comales (como elementos amarrados, como es el barro cocido de las tejas y comales, que antes fueron barro y agua = elementos naturales libres).

La revelación 37 niega la facultad de que estos señores modernos del infierno moderno puedan sojuzgar a la generación revelada.

Esto queda descartado para siempre.

Únicamente podrán enseñorearse de los hijos de la paja y de la hierba (de la gente no revelada), y nunca más serán señores de la generación esclarecida.

El árbol de cenícero es este libro del POPOL VUH.

Las virtudes que deben inspirar a esta generación revelada se entiende que proceden del comportamiento diametralmente opuesto al comportamiento de los señores del infierno:

- engañadores ellos; confiables los revelados;
- incitadores ellos; ejemplares cumplidores de las leyes, los revelados;

- indecisos y cínicos ellos; seguros de sí mismos y justos, los revelados;

- opresores ellos; magnánimos los revelados;

- traidores ellos; leales los revelados;

- envidiosos ellos; orgullosos de su saber y de su tener, los revelados;

- falsos amigos ellos; sinceros los revelados;

- violentos ellos; pacíficos los revelados.

El relevo del señorío se cumple cuando ellos ya no van a mandar, sino los revelados.

La cultura que trajeron consigo los señores originales desde las montañas del Himalaya, y que fue la razón de su asentamiento en el actual territorio de Mesoamérica para resguardarla del olvido, es aquí el equivalente a las cañas retoñadas.

Tierra hecha cama (CHATAM ULEU) es, a la vez, el mensaje central y también es el remolino (la dinámica desatada).

El encuentro de los dos brujitos con sus padres vencidos y torturados significa aquí esta función de «bisagra espiritual» de estas revelaciones de mi Carmencita.

Invocar el POPOL VUH en memoria de los chamanes originales es un acto de reverencia y a la vez de referencia.

La generación esclarecida va a vencer el efecto de la muerte por encima de la vida.

Suben al mundo de ahora y aquí y se les recuerda en el sol y la luna, junto a los 400 muchachos que mató el SIPACUA, son el significado de las estrellas en el firmamento, y de los astros de luz; lo cual en su todo es una alusión de que el relato llega hasta aquí en lo que se refiere a esa vida espiritual, la que marcha de forma paralela a la vida animada.

Lo que viene en los siguientes capítulos y revelaciones ya se refiere a la presencia terrenal de los seres humanos originales.

La explicación con la que termina esta primera parte del POPOL VUH, me ordenó mi Carmencita que se las transmitiera de esta forma:

Supongan que un relumbrón fugaz en el cielo fuera como la luz de una estrella que en **el futuro** explotará, y por lo tanto avanza en retroceso hacia nosotros.

Cuando vemos este fulgor ahora, eso significa que la estrella va a explotar en el futuro y desde ese futuro vendrá esa luz para verla en este presente.

Normalmente deberíamos pensar que la estrella primero explota y después la vemos en ese fulgor, pero en la verdad cósmica resulta diferente y es desde el futuro desde emanan las señales que percibimos en nuestro presente.

Esta figura nos indica que la vida espiritual tiene una definición y percepción del tiempo en donde no hay punto muerto, o sea que hay un congelamiento de pasado – presente – futuro.

Ella me refirió sus experiencias por medio de las cuales tuvo la iluminación (efecto «ajá»), especialmente cuando la oración se hizo de manera tan profunda que la llevó al estado de éxtasis.

En estos episodios de éxtasis, las revelaciones se dirigían hacia el pasado, como nos lo intenta explicar con el ejemplo del fulgor de la estrella que va a explotar en el futuro, y que esa luz nos viene a buscar hacia este presente nuestro.

De manera diferente mi Carmencita me explicó el proceso de iluminación (efecto «ajá») logrado por medio de la introspección en forma de meditación, que en un momento de profundización la llevaba al estado de trance.

Aquí la vida espiritual se desarrollaba tanto en el tiempo presente como en el tiempo futuro, con mayor vehemencia que en tiempo pasado.

De esta manera, los chamanes logran «visualizar» las anomalías espirituales de las personas bajo su cuidado y sus implicaciones en la manifestación mórbida en el organismo (diagnóstico).

Una vez que se ha explicado esta dinámica espiritual, el POPOL VUH se encargará —desde el próximo capítulo— a dirigir la organización del pensamiento de la generación esclarecida.

Se cierra aquí la primera parte del POPOL VUH y las alusiones de los chamanes originales en cuanto a su pasado original.

SEGUNDA PARTE DEL POPOL VUH.
LA GENERACIÓN ESCLARECIDA

CAPÍTULO 38

Y aquí comienza cuando se dispuso hacer el hombre, y el buscar cosa, que fuese carne del hombre, y dijeron los criadores y los formadores, TEPEU y CUCUMATZ, que así se llamaban:

ya se acercó el tiempo del amanecer, y de que se acabe de perfeccionar todo, todo, y de ser hechos los sustentados nuestros, esclarecidos vasallos, se han secado los hombres vivientes de la tierra, dijeron.

Se juntaron y vinieron de montón, y buscándose a aconsejarse en la obscuridad de la noche, y buscando se aconsejaron y consultaron y entristecieron aquí, y así salió a la luz su sabiduría a la claridad, y hallaron lo que buscaban, que fuese carne del hombre, y faltaba ya poco para que amaneciese el sol, luna y estrellas sobre los formadores.

De PAXIL y de CAYALA, que así se llamaban, vinieron las mazorcas amarillas y blancas;

y estos eran los nombres de los animales que trajeron la comida:

EL GATO DE MONTE,

EL LOBO,

EL CHOCOY

y EL CUERVO;

estos cuatro animales manifestaron las mazorcas amarillas y blancas a ellos, y como se traían de PAXIL,

<u>que era el paraíso,</u>

y enseñaron el camino para PAXIL, y esto fue lo que hallaron la comida, y de esto se hizo la carne del hombre que
fue formado, y esta fue la sangre del hombre, y esto fue
puesto por los criadores, aquellas mazorcas.

Y así se alegraron por haber hallado una hermosa tierra,
llena de dulzuras, de muchas mazorcas amarillas y blancas, mucho pataste y cacao, no eran contables los zapotes,
las anonas, jocotes, nances, matazanos, miel, que todo
estaba llena de suaves bastimentos en aquel pueblo de
PAXIL y de CAYALA, que así se llamaba, y había bastimento de todas suertes, chico y grande, plantas pequeñas y
grandes, y fue manifestado el camino por los animales.

Y moliendo entonces las mazorcas amarillas y las blancas,
hizo la XMUCANÉ nueve bebidas, y entraron de comida
y bebida, y luego se crió la gordura y grosura del hombre, cuando lo hicieron los formadores, que se llamaban
TEPEU y CUCUMATZ, y luego pusieron en plática el criar
a nuestros primeros padres y madres, y solo fueron mazorcas amarillas y blancas su carne, y solo comida fueron
sus brazos y piernas de los hombres, nuestros primeros

padres, que fueron cuatro los criados, y solo comida fue su carne de ellos.

Estos fueron los Nombres de los primeros que fueron formados:

El primer hombre se llamaba BALAM-QUITZÉ;

El segundo BALAM-ACAB;

El tercero MAHUCUTAH

Y el cuarto YQUIBALAM.

Y estos son los nombres de nuestros primeros padres y madres, solo formaduras y criaturas son dichos, no tuvieron padres ni madres, solo los llamamos hombres, que no nacieron de mujeres, ni tampoco fueron engendrados por el criador, sino que por milagro fueron formados y criados por el criador, que se llamaba TEPEU y CUCUMATZ,

 y cuando fueron hechos hombres o a su imagen, fueron hombres que hablaron y parlaron, vieron y oyeron, anduvieron y palparon, eran buenos hombres y hermosos, y sus semejanzas fueron de hombres y tuvieron respiración; mirando, llegó su vista a verlo todo, y supieron todo cuanto hay en el mundo, y cuando miraban, luego volvían a ver, y revolvían la vista a todo lo que estaba en el cielo y lo que hay en la tierra, y no había cosa que les pudiese impedir la vista de todo cuanto hay.

Y no habían menester andar ni correr nuestros primeros padres, para ver todo lo que hay en el cielo.

sino que en una parte se estaban cuando lo veían todo:

mucha era su sabiduría y sobrepujo su semejanza a los árboles, a las piedras, a la laguna, al mar, al monte, y al llano, y eran muy preciosos hombres el BALAM-QUITZÉ, BALAM- ACAB, MAHUCUTAH y YQUIBALAM.

Y entonces fueron preguntados por el criador:

¿cómo es vuestro estado?

¿Oís, por ventura?

¿veis, por ventura?

¿Por ventura, es bueno vuestro andar y hablar?

¿Mirad y ved todo el mundo?

¿veis claramente los cerros y los llanos?

¡Probad a verlo todo!

les fue dicho, y luego lo vieron todo cuanto había en el mundo, y luego dieron gracias al criador y formador, diciendo:

de verdad os damos muchas veces gracias, porque nos habéis criado hombres, nos disteis boca, cara, y que habláramos y oyésemos; nos meneamos y andamos y tenemos gusto, y supimos todo lo que está distante y cerca, y también vemos lo grande y lo pequeño, el cielo y la tierra, y así os damos gracias que nos criasteis, y fuimos criados y formados; tú eres nuestra abuela y nuestro abuelo, dijeron, dando gracias de su creación, y acabaron de saberlo todo, y de verlo hasta los cuatro rincones del cielo y de la tierra, y lo que había dentro del cielo y dentro de la tierra.

Y no les pareció bien esto a los formadores y criadores, no está bien esto, que dijeron nuestras criaturas, que dicen y saben cuanto hay, chico y grande.

Y así otra vez consultaron los criadores:

¿qué haremos otra vez con estos, que solo lo que está cerca vean, sino que un poco de la faz de la tierra vean sus ojos?

Porque no es bueno esto que dicen.

¿Por ventura, han de ser ellos también dioses?

¿Y si no se multiplican cuando ya sea tiempo de que amanezca, y si no se aumentan?

Desbaratémosles un poco, porque todavía les hace falta que hacer:

no está bueno esto que vemos:

¿Por ventura, hemos de igualarnos todos los que sabemos todo cuanto hay, y lo vemos todo?

Les fue dicho por

EL CORAZÓN DEL CIELO, HURACÁN,

CHIPICACULHA,

RAXA- CACULHA,

TEPEU

y CUCUMATZ,

criador y al viejo, XPIYACOC y a la XMUCANÉ, que son llamados criadores; y después dispusieron de otra suerte a sus criaturas.

Y luego les fue echado vaho en los ojos por aquel que era EL CORAZÓN DEL CIELO, y se los empañó así como si soplando un espejo que le empaña, así le empañó los ojos, y así solo pudo ver lo que estaba cerca, solo aquello le estaba claro, y así fue perdida la sabiduría y entendimiento de los cuatro hombres primeros, y así fueron formados nuestros primeros padres POR EL CORAZÓN DEL CIELO Y DE LA TIERRA.

Y entonces se les fueron dados sus mujeres, y así mismo milagrosamente consultaron otra vez y estando durmiendo ellos, tomaron el consejo, y una hermosa mujer está con BALAM-QUITZÉ, y otra con YQUIBALAM, y ya tenían a sus mujeres cuando despertaron del sueño;

y luego se alegraron con sus mujeres;

y estos eran los Nombres de sus mujeres:

CAHA-PALUMA, la mujer de BALAM-QUITZÉ;

CHOMIHA, la mujer de BALAM-ACAB;

TZUNUNIHA, la mujer de MAHUCUTAH;

Y CAQUIXAHA, le mujer de YQUIBALAM;

Y estos fueron los nombres de sus mujeres que fueron hechas Señoras y estos fueron los que multiplicaron todos los pueblos chicos y grandes, y estos son el origen de nuestros QUICHÉES; y muchísimos fueron los poderosos, y no solo fueron cuatro, sino que solo fueron los padres de nosotros los QUICHÉES.

Y fueron diferentes los nombres de cada uno, cuando se multiplicaron allá en el Oriente, y fueron muchos los nombres de la gente:

Unos se llamaron TEPEU,

Otros OLOMÁN,

COHA,

QUENECH,

AHAN.

Así fueron llamados allá en el Oriente, donde se multiplicaron, y también se sabe el principio de los de TANUB y de los de YLOCAB.

En uno vinieron de allá del oriente: BALAM-QUITZÉ es el padre de las nueve Casas Grandes de CAVIQUIB;

BALAM-ACAB es el padre de las cuatro Grandes Casas de AHAN- QUICHÉ.

Trece familias fueron, y no se perdió el nombre de su abuela y padre de adonde se multiplicaron allá en el Oriente, y así mismo vino el TANUB e YLOCAB con las trece familias que fueron Brazos de Pueblos, y trece familias con los del RABINAL,

CACCHIQUELES,

AHQUIQUINAHA,

CUMATZ,

CUHALHA,

VCHABAHA,

AHCHAMILAHA,

con los de AQUIBAHA,

y ABATENABA,

ACULVINAC,

BALAMIHA CANCHA-HELEB

y BALAM-COLOB.

Y solo estos eran las principales ramas de los pueblos que
así les llamamos, y solo hemos referido los principales, y
muchos fueron los que salieron con cada una de las Familias, y que no escribimos sus Nombres, y que allá se
multiplicaron en el Oriente, y fueron muchos los que se
multiplicaron, aún todavía en las tinieblas, antes que el
sol aclarase y hubiese luz.

Y estuvieron todos juntos, y fueron muchas cosas las que
hicieron allá en el Oriente, y no cabían de sustento, sino
que levantaban las caras al cielo, y no se sabían alejar.

Y allí mismo estuvieron en aquella dulzura los hombres
blancos y negros, y hubo muchas lenguas, y de dos orejas,
y hay diferentes generaciones en el mundo, *y hay parias*

de algunos hombres que no se han visto sus caras, y no tienen casas, sino que como locos se andan por todos los montes;

esto dijeron, menospreciando las patrias de otros, dijeron. sino que eran todos de una lengua, y solo guardaban el mandato del CRIADOR DEL CIELO Y DE LA TIERRA, y solo aguardaban que naciese el sol, y solo se entretenían en pedir los Grandes y Señores, levantando las caras al cielo cuando pedían hijos e hijas, y decían;

OH TÚ, CRIADOR Y FORMADOR, MIRADNOS,

OÍDNOS,

NO NOS DEJES,

NO NOS DESAMPARES,

TÚ ÍDOLO,

CIELO Y TIERRA,

CORAZÓN DEL CIELO Y DE LA TIERRA,

DADNOS,DADNOS MUCHOS BUENOS CAMINOS Y ANCHOS,

Y DADNOS PAZ, QUIETA, SOSEGADA, Y BUENA VIDA, Y COSTUMBRES Y TU SER,

TÚ, HURACÁN,

CHIPICACULHA,

RAXA CACULHA,

CHIPI-NANAVAC,

RAXA-NANAVAC,

VOC,

HUN-AHPU-TEPEU,

CUCUMATZ,

ALOMGA-HOLOM,

XPIYACOC,

XCUMANE, ABUELA DEL SOL, ABUELA DE LA CLARI-
DAD CUANDO AMANEZCA Y ACLARE.

Esto dijeron, cuando saludaban e invocaban y esperaban
el amanecer del sol, y así mismo estaban mirando al nacimiento del sol, y miraban el lucero, una grande estrella,
que anunciaba el nacimiento del sol, que había de alum-
brar todo el cielo y la tierra, con que habían de andar las
criaturas.

Esto dijeron BALAM-QUIZÉ,

BALAM-ACAB,

MAHUCUTAH

y YQUIBALAM, y dijeron:

aguardemos que amanezca, y eran grandes sabios y entendidos, eran muy dignos de respeto y grandeza, y aún todavía no tenían ídolos de palo y piedra nuestros primeros

Padres y Madres, y estando ya cansados allí de aguardar al sol, eran ya muchos todos los pueblos con ellos de YAQUI, con estos dignos de respeto y veneración.

Ea, vamos, dijeron, a buscar, y vanos a ver su hay señal de hallar esto que decimos, y nos que nos estamos aquí, no tenemos quien cuide de nosotros, y nos guarde;

esto dijeron BALAM-QUITZÉ, BALAM-ACAB, MAHUCU-TAH,

e YQUIBALAM, y oyó, esto, y dio oídos a su pueblo y les siguió, y se fueron.

TRIGÉSIMA OCTAVA REVELACIÓN

Queridos lectores de esta segunda parte del POPOL VUH que nos revela mi Carmencita:

Desde ahora en adelante ustedes pasan de la **oscuridad** hacia **la luz del nuevo sol** ya anunciado por los chamanes originales.

La primera indicación que me ordenó explicar mi Carmencita se relaciona con la naturaleza binaria o dicotómica de los criadores.

Esto es demasiado importante como para esperar que los lectores lo descubran sin la ayuda de esta revelación 38 que nos regala mi Carmencita.

Explica mi Carmencita que abandonemos el patrón de pensamiento que utiliza **la contradicción** obtener una definición filosófica del pensamiento.

Vamos a elegir el patrón de pensamiento basado en la **armonía de conceptos**.

Aquí se trata de lo contrario entre ambas entidades divinizadas, y se refiere a **la compatibilidad** entre ambas fuerzas superiores armonizadas.

La armonía originaria es el resultado de esta lógica maya.

Encima de esta primera base o piso continuamos colocando una planta encima, la cual se refiere a la **corrección** que hacen los criadores y formadores frente a la humanidad cuando el ser humano traspasa el nivel de la cordura en la aplicación de sus conocimientos y descubrimientos.

Por eso me indicó llevarlos a la explicación o traducción de esta oración maya:

> *Oh, tú, Criador y Formador, miradnos, oídnos, no nos dejes, no nos desampares, tu Ídolo, Cielo y Tierra, CORAZÓN DEL CIELO Y DE LA TIERRA, dadnos nuestra descendencia para siempre, cuando amanezca, y dadnos buenos caminos y anchos, y dadnos paz, quieta y sosegada, y Buena Vida, y costumbres y ser...*

La dicotomía armónica se destaca al comenzar la fórmula de la oración maya:

«Criador y Formador» quiere definir las competencias superiores de **crear** y de **conformar** según sus deseos y preferencias.

Después de la alabanza, sigue la petición del favor o gracia que se pide:

«**Miradnos**» = Que nos tenga en mente como individuos.

«...oídnos» = Que nos atienda cuando lo busquemos espiritualmente.

«...no nos dejes» = Que su presencia consista en situar sus potencias adentro de nuestro organismo y alrededor de nuestra presencia natural y espiritual.

«…no nos desampares» = Que sepamos interpretar sus mensajes.

Luego, la segunda alabanza recalca la naturaleza binaria de la supremacía de esta potestad armonizada:

«Tú, Ídolo, Cielo y Tierra» = Se refiere a la autoridad de traspasar la percepción tridimensional de nuestra realidad orgánica animal–natural, con el primer plano paralelo (espiritual) junto con la capacidad o competencia de «regresar a la vida natural» cada vez que ocurra esta traslación vivencial.

Avanza la oración maya con la petición puntual de las siguientes bendiciones:

«…dadnos nuestra descendencia para siempre» = Que alcancemos un nivel de desarrollo espiritual que nos premie con la condición de discípulos que abandonan esta categoría y se convierten en parte de la esencia de la potestad superior desde que logramos manejar el desdoblamiento y conocer la técnica muy propia e individual de conectarse con **la potestad superior armonizada,** ya sea por un ejercicio de oración profunda, o de concentración, o de reflexión, o de meditación hasta alcanzar el estado de éxtasis, o por medio del estado de trance con ayuda de los materiales chamanísticos.

No se está pidiendo la capacidad reproductora animal.

«…cuando amanezca» = Que estemos en la capacidad de reconocer el momento de nuestra iluminación propia, individual y personal (como experiencia).

«...dadnos muchos buenos caminos y anchos» = Que nuestra iluminación nos permita sanar y recuperar la salud de los demás.

Que nuestra iluminación nos permita *ver* el futuro y el pasado con la misma certeza que percibimos el presente.

Que nuestra iluminación nos permita premonizar y advertir los peligros y amenazas.

«...dadnos la paz, quieta y sosegada» = Que nuestro organismo se repare de las anomalías naturales. Que seamos fortalecidos para soportar todos los ataques, amenazas, mentiras y daños que nos imponga la adversidad. Que irradiemos paz espiritual.

«...y Buena Vida» = Que esta idea de base o fundamento (fundamental, básica) de **buena vida** se haga una realidad en nosotros con:

> salud,
>
> + reconocimiento,
>
> + autoridad,
>
> + fortuna,
>
> + conformidad,
>
> + paciencia y tranquilidad espiritual.

Que esta realidad propia sea «transmisible», y «costumbres y ser» = Que la repetición de nuestras buenas acciones se perciban como «tradiciones».

Que logremos asumir el rol de estar en estado permanente de gracia.

La oración maya va encaminando su final nombrando a las potestades del cielo:

HURACÁN = equivale algo así como a Jesucristo dentro del cristianismo.

CHIPICACULHA = equivale algo así como el Señor de la Valentía.

RAXA-CACULHA = equivale algo así como el Señor de la Argumentación.

CHIPI-NAVACAC = es el Señor de la Perseverancia.

RAXA-NAVACAC = es el Señor de la Reflexión.

VOC = es el Señor de la Habilidad.

HUN-AHPU-TEPEU = es el Poderoso Señor del Liderazgo.

CUCUMATZ = es el Poderoso Señor de la Creatividad.

ALOMGA-HOLOM = es el Poderoso Señor de la Lealtad.

XPIYACOC = es el Poderoso Señor de la Orientación.

XMUCANÉ = es la Abuela del Sol-de la Claridad-del Saber.

Se señala el momento del día favorable para entonar esta oración maya: al romper el alba.

Debe calcularse que se comience a orar en lo oscuro del amanecer y se termine ya en la claridad del día.

La generación revelada asume el rol del **nuevo hombre** criado por magia, y oran como lo hicieron los primeros hombres, creando un arco espiritual entre aquel primer comienzo y este nuevo comienzo de la humanidad aclarada:

BALAM-QUITZÉ

BALAM-ACAB

MAHUCUTAH

YQUIBALAM

Me encargó mi Carmencita anunciarles en esta revelación 38, con la cual comienza la segunda parte del cómo entender el POPOL VUH, que los valores contenidos en la oración maya son principios de carácter a los cuales la generación revelada les debe poner atención.

Aspirar a que se conviertan en el estilo de vida sería el objetivo que ella nos propone:

- valentía (determinación),
- argumentación (don de disuasión),
- perseverancia (aguante),
- reflexión (consulta previa),
- habilidad (competencia en lo que se hace),
- don de mando (liderazgo),
- creatividad (buscar soluciones nuevas a problemas viejos),
- lealtad (apego a lo convenido),
- orientación (encontrar el rumbo de cada actuación),

- continuidad con la abuela (el respeto al pasado).

Me ha explicado con detalle que **no** es compatible este estilo de vida con la práctica del *cordialismo*, y que este estilo de vida maya es el factor único que nos debe valer como precio, debido a que al ir directamente al argumento maya, tenemos que prescindir de la inclinación hacia «el quedar bien con todos, todo el tiempo», lo cual implica renunciar al *cordialismo*.

Esta es una fuerte exigencia para muchos de nosotros.

La sequedad en el trato con los demás debe cultivarse como un ejercicio que se ha de perfeccionar hasta que cada palabra, gesto y actuación se desvista de **cordialidad** con la intención de que se acerque cada vez más a la **pureza del mensaje.**

Entre «quedar bien con todos, todo el tiempo» (o tratar de agradar) y actuar como parte de la generación revelada, media el abstenerse de la práctica de la **cordialidad** en todo lo que se relacione con el modo de entender el POPOL VUH en el siglo 21.

Se trata de encontrar una personalidad dotada de suficiente **autoridad moral** para tener éxito en la tarea de crear un mundo más justo y equilibrado como consecuencia de entender el POPOL VUH según estas revelaciones de mi Carmencita.

CAPÍTULO 39

Y el monte y pareja donde se fueron

BALAM-QUITZÉ,

BALAM-ACAB,

MAHUCUTAH,

y YQUIBALAM con los de

YLOCAB

y TANUB,

se llamaba TULANZÚ

(siete cuevas y siete barrancas),

y así se llamaba el pueblo donde fueron a traer los ídolos.

Y llegaron a TULANZÚ todos, y no son contables los nombres que fueron, y eran muchos los que iban.

Todo en orden fue su salida de los ídolos,

primero BALAM-QUITZÉ,

BALAM- ACAB,

MAHUCUTAH

y YQUIBALAM,

y alegrándose dijeron:

¡ya hallamos esto que buscábamos ¡.

Y el primero que salió fue el ídolo. TOHIL, pendiente que lo llevaba BALAM- QUIZÉ,

y luego salió el ídolo AVILIX, que lo llevaba BALAM-ACAB,

y luego el ídolo HACAVITZ, que lo llevaba MAHUCUTAH.

NICAHTACAH se llamaba el ídolo que sacó YQUIBALAM, y solamente les acompañaron los QUICHÉES y también los de TANUB, el ídolo TOHIL.

Y tomaron su nombre de sus antepasados, y se llamaron Señores los de TANUB ahora, y el tercero fueron los de YLOCAB que así mismo fue su ídolo TOHIL que lo tomaron sus antepasados, que fueron Señores, y así lo saben ahora.

Y así se llaman las tres Parcialidades QUICHÉES, y no se dejaron ni desampararon, porque todo era uno su ídolo de todos,

TOHIL- QUICHÉ,

y TOHIL el de TANUB

y YLOCAB, solo era uno el nombre de su ídolo, y así no se dividieron las tres Parcialidades QUICHÉES, y los tres eran ciertamente Grandes:

EL TOHIL,

AVILIX

y HACAVITZ.

Y entonces entraron todos los pueblos, los de RAVINAL,

LOS CACCIQUELES,

los de QUIQUINAHA,

con dos de YAQUI,

que ahora se llaman así;

y así se les mudó el lenguaje a los pueblos, y hablaron diferentemente, y no se entendían entre sí, cuando vinieron de TULANZÚ, y allí se dividieron: unos se fueron hacia el Oriente, y muchos se vinieron aquí, y solo se vestían de pieles, porque todavía no habían hallado buenas ropas que se pusiesen, y solo pieles de animales era su adorno, y eran pobres, y no poseían nada, y solo eran hombres milagrosos su ser.

Y cuando se vinieron a TULANZÚ,

(las siete cuevas y siete barrancas), dicen las antiguas tradiciones que anduvieron mucho para llegar a TULANZÚ,
y no tenían fuego, sino que se estaban donde se estaba el
ídolo TOHIL, que fue el ídolo del pueblo que primero crió
el fuego, y no se sabe como lo crió, sino que ya relumbraba
el fuego.

Cuando lo vieron BALAM- QUIZÉ, BALAM-ACAB,

MAHUCUTAH,

y YQUIBALAM, exclamaron:

¡Ah, Señor, que no tenemos fuego de eso que se hizo, y
moriremos de frío ¡

Y entonces habló el ídolo y dijo:

no os aflijáis, tenéis cosa propia, ese fuego que decís, se
acabará y perderá.

¿Por ventura, será así? dijeron por dicha:

¡Ídolo, tú eres nuestro sustento y alimento, tú, ídolo ¡

Y entonces le dieron gracias por lo que dijo, y dijo:

está bien, de verdad yo soy vuestro ídolo cuando amanezca, y seré vuestro Señor;

esto les fue dicho a los Principales por el TOHIL, y así se
calentaban los pueblos y alegraban por el fuego.

Y luego empezó un grande aguacero, y estaba alumbrando el fuego de los pueblos, y cayó mucho granizo sobre todos, y entonces se apagó el fuego de ellos por el granizo, y no tuvieron ya fuego, y entonces pidieron otra vez su fuego BALAM- QUITZÉ

y BALAM- ACAB: ¡

 Ah, ídolo!

Que nos acabamos de frío, le dijeron al TOHIL;

está bien, dijo él, no os aflijáis, y luego sacó el fuego dando vueltas en su zapato, y luego se alegraron

BALAM-QUIZÉ,

BALAM-ACAB,

MAHUCUTAH

y YQUIBALAM, y luego se calentaron.

Y habiéndose apagado el fuego de los pueblos se morían de frío, y vinieron fuego a BALAM-QUITZÉ,

BALAM- ACAB,

MAHUCUTAH,

y YQUIBALAM, y ya no podían sufrir el frío y la helada, sino que estaban temblando, dando diente con diente, y estaban como muertos, corcovados y tullidos sus pies y manos, y nada podían coger con ellas cuando vinieron:
no nos afrentamos con vosotros de pediros fuego –

¡dadnos un poco de vuestro fuego ¡, dijeron cuando llegaron;

y no se les respondió y entonces se enojaron los pueblos.

Era otro el lenguaje de

BALAM- QUIZÉ,

BALAM- ACAB,

MAHUCUTAH,

y YQUIBALAM, y dijeron:

¿Qué es esto, que estos han dejado nuestra lengua?

¿Cómo se hizo esto?

¿Nos hemos perdido, adonde fuimos engañados?

Porque solo era una nuestra lengua, cuando venimos de TULANZÚ, y uno nuestro origen y crianza, no es bueno que hemos hecho, dijeron todos los pueblos, debajo de los árboles y los mecates, y entonces se manifestó un hombre

(demonio que les hablaba), delante de BALAM- QUITZÉ,

BALAM- ACAB,

MAHUCUTAH

y YQUIBALAM, y dijo el Mensajero del Infierno, y dijo:

este es en verdad vuestro ídolo, y este es el que os sustenta, y este es el substituto y trueque, remembranza de vuestro Criador y Formador, no deis su fuego a los pueblos

hasta que lo preguntéis a TOHIL, y el os dirá si lo daréis o
no, dijo aquel del Infierno, que tenía alas como murciélago, y dijo:

yo soy Mensajero de vuestro Criador y Formador, y se alegraron y se ensalzó su corazón del TOHIL,

AVILIX

y HACAVITZ, cuando dijo aquello el Mensajero;

y luego desapareció de ante ellos.

Y luego llegaron los pueblos sin detención, y perecían de
frío, y por el mucho granizo y de la garva continua no era
tolerable el frío, y llegaron engarabatados y temblando de
frío, todos los pueblos, cuando llegaron allí donde estaban
BALAM- QUITZÉ, BALAM- ACAB,

MAHUCUTAH,

y YQUIBALAM,

y estaban apesadumbrados refregándose sus caras y sus
bocas.

Y después vinieron los ladrones a BALAM- QUIZÉ,

BALAM- ACAB,

MAHUCUTAH

y YQUIBALAM, y les dijeron:

no tenéis piedad de nosotros que pedimos un poco de fuego, venimos de una misma Casa, y venimos todos de una

misma Patria; y cuando fuisteis formados y criados, tened misericordia de nosotros; y dijeron:

¿Qué os daremos para que hagamos misericordia con vosotros?

Y les dijeron: bien está, os daremos plata.

Y dijeron los pueblos: no queremos plata, les dijeron a BALAM- QUITZÉ,

a BALAM- ACAB,

MAHUCUTAH

y YQUIBALAM.

Pues lo que queréis lo pediremos.

Está bien, dijeron los pueblos de DILDO al TOHIL;

después os avisaremos, les dijeron a los pueblos, y luego pidieron al TOHIL

¿Qué les daremos a los pueblos, que vienen a pedir fuego?

Dijeron BALAM- QUITZÉ,

BALAM- ACAB,

MAHUCUTAH

y YQUIBALAM.

Está bien, dijo el TOHIL, si quieren juntarse, si dan el costado y el tabaco, y si quieren los cogeré a mi cargo, y yo

seré su TOHIL, y si no quieren, no les daré su fuego, dijo el
TOHIL, y decidles que a poco a poco y no ahora es menester darnos sus costados y tabacos, decidles esto a ellos, les
fue dicho a BALAM-QUITZÉ,

BALAM- ACAB,

MAHUCUTAH,

y YQUIBALAM;

y luego dijeron lo que decía el TOHIL.

Está bien, dijeron ellos, se juntará, y lo obedeceremos, dijeron cuando respondieron a lo que decía el TOHIL, y no
se detuvieron, sino que dijeron:

está bien, luego al punto se haga eso;

y luego recibieron su fuego, y luego se calentaron, y otra
Tribu o Parcialidad hurtó el fuego con el humo, estos eran
los de la Casa de Murciélagos, y su ídolo se llamaba CHA-
MALCÁN, de los CACHIQUELES, y era semejanza de murciélago cuando pasó por el humo, y pasando suavemente,
vino a tomar fuego, y no lo pidieron el fuego los CACHI-
QUELES, y no se quisieron dar por vencidos, y solamente
se vencieron los pueblos que dieron su costado y el tabaco
para abrirlo, y esto era lo que había dicho el ídolo cuando
se sacrificó todo pueblo ante él;

y cuando se les fue arrancado el corazón por el costado
y el tabaco, y no se había empezado a hacer, cuando se

les habló en este símbolo por el TOHIL, y la muerte en la Majestad, por el BALAM- QUITZÉ,

BALAM-ACAB,

MAHUCUTAH,

y YQUIBALAM.

Y de allá vino de TULANZÚ esto de no comer, sino de ayunar siempre, y solo estar aguardando que amaneciese, y ver la cara del sol, y se mudaban para estar mirando aquella grande estrella que se llamaba lucero, y este es el que viene delante cuando sale el sol, hermoso lucero que estaba siempre allá al Oriente cuando estuvieron allá en el TULANZÜ, que este era nombre de adonde vino el ídolo, y no fue aquí adonde tomaron la Grandeza de su Reino, sino que allá fueron sojuzgados todos los pueblos chicos y grandes, cuando sacrificaron ante el TOHIL, y dieron su sangre de su costado y tabaco todos los hombres, y en un instante de allá vino su Grandeza y gran Saber que tenían en la oscuridad de la noche, cuando lo hicieron todo esto, y vinieron y se arrancaron de allá, y dejaron el Oriente.

Y no es aquí nuestra Patria, dijo el TOHIL,

¡vamos a ver donde nos hemos plantar ¡

porque de verdad hablaba el TOHIL a BALAM- QUITZÉ, BALAM- ACAB,

MAHUCUTAH

y YQUIBALAM;

éa, dad gracias antes, y horadaos las extremidades de las orejas y atravesadlas y los codos, y este será vuestro agradecimiento ante el ídolo.

Está bien, dijeron ellos, y entonces horadaron sus orejas, y lo pusieron en su canto de la venida de TULANZÚ, y lloró su corazón cuando cuando vinieron y dejaron a TULANZÚ.

¡Qué aquí no queremos ver el nacer del sol, aclarador de la faz de la tierra ¡

dijeron cuando vinieron, y dejaron en el camino, y gente ciertamente quedó durmiendo en cada uno de los pueblos, se levantaron que estaban continuamente mirando la estrella, seña del sol, y esta era la señal que pensaban era de amanecer cuando vinieron del Oriente, y unas eran sus caras cuando pasaron de allá, y había gran distancia, nos es dicho ahora.

TRIGÉSIMA NOVENA REVELACIÓN

Si hemos puesto atención a las revelaciones de la primera parte, tenemos claro que los autores del POPOL VUH son los descendientes de unos sabios que salieron originalmente de un lejano Himalaya, ubicado entre las alturas de los montes altos en la actual frontera entre China y la India.

Aquella caravana de sabios viajó junto a las grandes masas de personas que buscaban refugio en tierras menos heladas, y en ese transitar llegaron los sabios hasta lo que es ahora Mesoamérica, considerando que era el lugar menos helado.

Donde ahora se ubica Mesoamérica decidieron asentarse y se regó su fama de sabios consejeros, en parte porque algunas parcialidades habían sido compañeros de viaje y en parte por la fama como

- sanadores,

- videntes del pasado,

- videntes del futuro,

- asesores políticos,

- asesores militares, y

- mediadores familiares.

Desde el sur y desde el norte venían a Mesoamérica para sus consultas.

Con el tiempo se hizo costumbre enviar a los hijos de los reyes y principales para ser instruidos (esclarecidos) por estos sabios.

El pénsum duraba alrededor de doce años y practicaban junto a los **sabios ancianos** hasta que alcanzaban a entender las formas de conectarse con la vida espiritual, ya sea por medio del éxtasis o del trance.

En esa vida espiritual no hay separación entre el pasado, el presente o el futuro, siendo simplemente **el tiempo que pasa por donde vamos yendo.**

En esta revelación 39 de mi Carmencita se nos esclarece acerca de la unión de aquellos sabios originales que llegaron desde el Himalaya, con los nuevos sabios que vinieron del oriente de Mesoamérica.

Dice mi Carmencita que ella tuvo un episodio de oración profunda que la llevó al estado de éxtasis, y le fue insinuado que se trataba de un continente que llaman Atlántida, ubicado al este de Mesoamérica y al Oeste de África y Europa.

Mi Carmencita nos ofrece una lista comparativa de la forma y nombre que las diferentes culturas han usado para referirse a ese continente en medio del océano Atlántico, de donde sale el nombre de Atlántida (usando las letras A + T + L en juegos de fonemas = A-T-D-L -N).

Estas razas antiguas se refieren a un paraíso terrenal o celeste ubicado en una isla en medio del mar, habitada por seres superiores o por los mismos dioses.

Referencias

I.- Pueblos americanos hablan de Gran Isla del Mar del Este:

1.- Los aztecas hablan de ATLAN-ALT –AZTLAN – AZ.

2.- Los toltecas hablan de TOILAN – TLAPALAN.

3.- Los mayas hablan de ATITLAN – ATLAN.

II -Pueblos suramericanos:

1.- Hablan de ATLAN.

III.- Pueblos europeos:

1.- Pueblos vikingos hablan de ATLI.

2.- Pueblos irlandeses hablan de AVALON.

3.- Pueblos cimbrios y galos hablan de GRAN ISLA DEL MAR DEL NORTE.

4.- Pueblos germanos hablan de VALHALLA.

5.- Pueblos vascos hablan de ATLANTIKA.

6.- Pueblos iberos hablan de ATLANTIS.

7.- Pueblos atlantes (de los montes Atlas) hablan de AT-LANTIS.

8.- Pueblos rumanos hablan de ANTILHA.

9.- Pueblos griegos, cartagineses y fenicios hablan de AN-TILHA.

10.- Pueblos guaches (canarios) hablan de ATALAYA.

IV.- Pueblos euroasiáticos:

1.- Pueblos babilónicos hablan de ARALLV.

V.- Pueblos africanos:

1.- Pueblos norafricanos y bereberes hablan de ATARAN-TES – ATLANTOL.

2.- Pueblos egipcios hablan de A´ALU -AMENTI.

3.- Pueblos árabes hablan de AD (AL).

VI.- Referencia del POPOL VUH = TULANZÚ

Mi Carmencita nos esclarece que en este capítulo 39 el POPOL VUH se refiere al éxodo súbito de los sabios de ATLÁNTIDA que pasaron a residir en Mesoamérica.

La primera diferenciación que nos advierte mi Carmencita es que los chamanes originales no apelaban a ídolos, en tanto que la gran reforma religiosa se institucionaliza desde que estos sabios provenientes de Atlántida se trasladan a tierra firme en Mesoamérica.

La segunda diferenciación nos lleva a conocer la razón del éxodo, la cual tiene que ver con el hundimiento de Atlántida por causa de un desastre natural que mi Carmencita desconoce porque no le fue esclarecido en aquel episodio de su estado de éxtasis.

En la escuela de chamanes a la que iba mi Carmencita cuando yo tenía edades de hasta doce años, escuché algunas aclaraciones chamanísticas que tienen que ver con este capítulo 39 del POPOL VUH.

Se decía que una nube de polvo cósmico oscureció el cielo durante casi un cuarto de siglo, y bajó la temperatura en Mesoamérica.

Amanecía (aclaraba un poco) apenas desde el mediodía, y tres horas más tarde volvía a reinar la oscuridad en todo aquel tiempo.

La necesidad de un fuego que estuviera a disposición en todo momento se volvió vital.

Los atlantes trajeron un material bituminoso (¿asfalto?) que vino a sustituir a las rajas del ocote.

Pero al pasar el tiempo se consumió el material bituminoso que habían traído los atlantes y ellos vinieron a pedir el ocote maya para hacer fuego.

Hay que saber que el ocote era traído ceremonialmente a los hogares mayas, y, para tener derecho a una porción de ocote, se tuvieron que someter los atlantes a los mayas:

Dar el costado = dar el corazón/dar el afecto.

Dar el tabaco = compartir la amistad, la solidaridad como un mismo pueblo. Aceptar las leyes, tradiciones y costumbres del pueblo anfitrión.

Así fue como los atlantes llegaron a consultar a los chamanes ancianos por no saber dónde estaba Mesoamérica, que era adonde habían llegado, en relación con el resto del mundo.

Los cachiqueles compartieron el ocote maya con los atlantes en desobediencia al mejor consejo de los chamanes ancianos, y por eso se habla en lenguaje lírico del **robo del fuego en el humo.**

Los atlantes combinaron algunas costumbres, entre ellas la del ayuno religioso, la cual fue bienvenida por los chamanes ancianos debido a que también ellos lo recetaban por razones médicas.

Finalmente se nos revela el uso del calendario de Venus como unidad de medida de tiempo para los usos espirituales.

El calendario solar servía para calcular los mejores tiempos agrícolas.

El calendario lunar, para calcular los períodos de gestación de animales, y, como resultado de ese conocimiento, evitar la cacería de especies que estaban por dar a luz o que recién habían parido.

El calendario venusiano ya tenía usos más elevados: las prácticas chamanísticas.

El gran secreto de mi Carmencita es revelarnos aquí el calendario de las estrellas Antares (constelación de Escorpión) y Sirio (constelación del Can Mayor), que son calendarios hasta ahora secretos usados por los sabios ancianos para calcular eventos cósmicos relevantes y que afectan al planeta Tierra.

Una conjunción de planetas en línea con el sol (como fue en 1986) es posible calcularla por observación de estas dos estrellas, por ejemplo.

Los efectos de la atracción gravitacional sobre los líquidos en el planeta Tierra tienen repercusiones en el comportamiento de todos los líquidos en ese período.

Abarca desde el núcleo de material derretido, que está formado en el centro del planeta, así como las aguas subterráneas y superficiales, pasando por las corrientes subterráneas de lava derretida y magma, hasta los líquidos dentro de los organismos.

Conocer estos secretos ayuda a reconocer algunos síntomas de anomalías orgánicas y favorece establecer mejores diagnósticos, pero además son datos esotéricos que se juntan a las competencias espirituales de poder conectarse con el pasado y el futuro.

La distribución de roles que mi Carmencita le dicta a la generación esclarecida es como sigue:

1.- Ancianos sabios:

Corresponde este papel a quienes desarrollan sus competencias espirituales y logran establecer contacto con la vida paralela espiritual, y muy especialmente con **el tiempo.**

Estas competencias espirituales pueden alcanzarse mediante la oración profunda y la meditación hasta llegar al punto del éxtasis. De la misma forma, por medio de la autosugestión y junto con ciertas hierbas alucinógenas, permiten llegar al punto del trance.

Estos chamanes sabios asumen el rol correspondiente a los chamanes originales venidos del Himalaya y que se quedaron a vivir en nuestra Mesoamérica que conocemos ahora.

2.- Sabios jóvenes:

Corresponde este importante papel a los sabios que vinieron de la Atlántida y se quedaron a vivir en este territorio de Mesoamérica.

Con ellos se comenzaron a vincular los dos conocimientos y se crearon los **mitos y leyendas** bajo un código religioso.

Estos **sabios jóvenes** corresponden ahora a quienes logran alcanzar estados de trance controlado para diferentes usos:

- para usos de conocimiento de **días más favorables para faenas humanas;**

- para conocer anticipadamente el comportamiento del planeta Tierra en el futuro inmediato y a mediano plazo (pronósticos).

3.- Cachiqueles:

Corresponde este papel a todos los ayudantes de todos los sabios (sabios ancianos y sabios jóvenes).

Comienza con los grupos en adiestramiento chamanístico y culmina con los grupos de voluntarios que apoyan a los sabios.

4.- Rabinaleros:

Corresponde este papel a los que son revelados por medio de estas revelaciones de mi Carmencita, pero que no desarrollan sus competencias propias espirituales sino que únicamente se quedan en posesión de estos conocimientos revelados.

CAPÍTULO 40

Y llegando a un cerro, allí se juntaron todos los QUICHÉES con los pueblos, y allí se juntaron a consejo todos, y luego se avisaron unos a otros;

y se llama ahora EL CERRO DEL MANTADO O AVISO, y juntos allí se engrandecieron y alabaron;

Yo soy EL QUICHÉ, y tú,

TU-TANUB;

así será tu nombre, les fue dicho a los de TANUB, y les dijeron a los YLOCAB: tú te llamarás YLOCAB, y no se perderán estos tres QUICHÉES, sino que seremos una sola cosa, y de un mismo sentir:

esto dijeron cuando se pusieron los nombres.

Y entonces fueron llamados CACCHIQUELES,

LOS CACCHIQUELES

Y LOS RABINALEROS,

este fue el nombre que les dieron, y hasta ahora persevera.

Y a los de QUIQUINAH, también ahora se les dio el nombre entre ellos mismos, y allí se juntaron a aguardar que amaneciese, veían el salir del lucero que este es el que viene primero ante el sol, cuando naciese.

De allá venimos, sino que nos repartimos entre sí, y por esto estaban con gran pena, y padecían gran dolor, porque no tenían comida ni sustento, sino que las raíces de varas dulces olían, y les parecía que comían, y no comían cuando vinieron, y no está clara su parada sobre el mar, por donde pasaron, sino que así como si no hubiera mar pasaron acá, sobre piedras pasaron para acá, y estaban las piedras sobresalientes en ringlera en la arena cuando pasaron; y así se llamaban

PIEDRAS EN RINGLERA,

y arrancada arena en aquel camino por donde pasaron en el mar, que dividiéndose pasaron para acá.

Y estaban muy afligidos por falta de comida y solo un trago de bebida bebían, y un maíz, y se estaban sobre EL CERRO DEL MANDATO O AVISO, y llevaban EL TOHIL,

AVILIX

y HACAVITZ,

y continuamente ayunaban el

BALAM- QUITZÉ,

BALAM- ACAB,

MAHUCUTAH

y YQUIBALAM con sus mujeres,

CAHA-PALUMA, su nombre de la mujer de BALAM-QUITZÉ,

y así mismo BALAM- ACAB con su mujer

llamada CHOMIHA,

y también MAHUCUTAH con su mujer TZUNUNIHA,

y YQUIBALAM con su mujer CAQUIXAHA, y estos eran ayunadores en la oscuridad y la noche, y tenían gran tristeza cuando estaban sobre el Monte que llama

DEL MANDATO O PRECEPTO,

y ahora les dijo el ídolo:

Y entonces dijeron EL TOHIL

con AVILIX

y HACABITZ

a BALAM-QUITZÉ,

BALAM-ACAB,

MAHUCUTAH

y YQUIBALAM:

¡Vámonos y levantémonos de aquí ¡

No hemos de estar aquí, ponednos en parte escondida y oculta, ya se acercó el amanecer,

¿Por ventura no será desgracia vuestra, si somos apresados y cautivos por los enemigos en este edificio donde ahora nos tenéis vosotros, los respetados?

Y ponednos esparcidos;

esto dijo cuando habló.

Está bien, dijeron ellos, seremos arrancados de aquí, y buscaremos montes, dijeron todos;

y luego tomaron cargados sus ídolos y cada uno de ellos llevó al AVILIX a una barranca que se llama

BARRANCA DEL ESCONDRIJO

por nosotros, en una gran barranca en la montaña que ahora se llama

EN AVILIX,

y allí se quedó, y quedó en la barranca por BALAM-ACAB, y en ringlera los dejaron.

El primero que quedó fue HACAVITZ sobre un río grande llamado

AGUA COLORADA,

y se llama CERRO DEL HACAVITZ ahora,

y allí fue su habitación, y allí estuvo el ídolo HACABITZ, que así era su nombre, y así mismo se quedó MAHUCUTAH con su ídolo, que era el segundo que se escondió por ellos.

No en la montaña estuvo HACABITZ, sino que en un cerro patente y raso se escondió el HACABITZ, y entonces vino el BALAM- QUITZÉ, y llegó allí a una gran montaña a ocultar al TOHIL que lo escondió BALAM-QUITZÉ, y ahora se llama PATOHIL aquella montaña, y celebraron la escondidura en la barranca, guarda del TOHIL, y muchas culebras y muchos tigres, víboras y cantiles están allí en la barranca y la montaña donde se escondieron por aquellos Señores y Principales,

estuvieron junto en uno en

BALAM- QUITZÉ,

BALAM- ACAB,

MAHUCUTAH

y YQUIBALAM.

Y juntos aguardaron a que amaneciese sobre el cerro llamado HACABITZ, y había poca distancia de adonde estaban los ídolos TANUB y YLOCAB,

que se llamaba AMACTAN allí donde estuvo el ídolo del
TANUB, y allí les amaneció a los pueblos, y allí se amaneció a los de YLOCAB, adonde estaba su ídolo de los de
YLOCAB, habiendo poca distancia de una parte a otra y
allí estaban todos los RABINALEROS,

LOS CACCHIQUELES

LOS DE QUIQUINAHA,

todos los pueblos chicos y grandes, y en uno se pararon
por aguardar el amanecer y la salida del lucero que sale
primero ante el sol cuando amanece, y en uno estuvieron
juntos

BALAM-QUITZÉ,

BALAM-ACAB,

MAHUCUTAH

y YQUIBALAM,

y estaban en vela sin dormir, y era grande su llanto de su
corazón por que amaneciese y aclarase, y así mismo allá
tuvieron vergüenza, y les vino gran tristeza y lamento, y
estaban deshechos de dolor.

Y allí se estaban y decían:

¡Ay de nosotros!

amargamente hemos venido;

¡Ay, que habiendo venido a ver el amanecer no amanece!

¿Qué hemos de hacer, que todos están de una misma suerte?

¡Eran una misma nuestras caras en nuestra patria, y hemos sido desamparados!

Esto decían, hablando unos con otros en aquella tristeza y lamento y llanto, y dijeron:

no se sosiega nuestro corazón sobre el amanecer del sol, y ahora están nuestros ídolos metidos en las barrancas y en los montes en la yerba, y en el paste están, y no en buenos asientos de tablas los pusieron, decían.

Y aquel TOHIL,

AVILIZ

y HACABITZ son cosa grande, y son de gran poder sobre todos los ídolos de los pueblos, son grandes y muchos son sus prodigios y milagros en los viajes, mojadas y fríos;

y espanta su ser en los corazones de los pueblos.

Y estaba sosegado y quieto el pensamiento con BALAM-QUITZÉ, BALAM- ACAB,

MAHUCUTAH

e YQUIBALAM,

y no parecen y están desesperados para el ídolo, que cargaron cuando vinieron de TULANZÚ, de allá del Oriente, y ahora están en la montaña que se llama ahora y es dicha.

AMANECIENDO EN TOHIL,

EN AVILIX

Y EN HACAVITZ.

Y ahora diremos cuando fueron sembrados y aclarados nuestros abuelos y padres y cuando aclaró y se vio la cara al sol, a la luna y a las estrellas.

Y este fue el esclarecer y manifestarse el sol, la luna y las estrellas.

CUADRAGÉSIMA REVELACIÓN

Las cifras 4 - 40 - 400 en el léxico maya tienen sinonimia entre ellas y significan «muchos».

Es cosa de semántica la aplicación de esta idea de «muchos», y las variaciones anuncian una abstracción matemática que se vuelve filosófica en su uso.

Mi Carmencita nos revela que este capítulo 40 es fundamental para comprender todo el relato del POPOL VUH.

Nos pide tomar en cuenta que este (parlamento = POPOL VUH) ha sido transmitido por más de seis mil años usando la tradición oral.

Su deformación ha sido excluida como posibilidad, de acuerdo a la disciplina didáctica basada en su valor sacral en las escuelas de chamanes.

En un segundo plano se nos advierte que su contenido es múltiple y abarca la historia desde la salida del Himalaya y el primer asentamiento de los sabios ancianos en lo que ahora es Mesoamérica.

Esto lo vamos a encontrar en un mismo contexto desde la primera parte hasta el capítulo 37 y la revelación 37.

La segunda parte cuenta la tragedia de los habitantes de la isla Atlántida, que estando ellos ya en Mesoamérica, ya no pudieron regresarse debido al hundimiento de todas las islas y del semicontinente —producido probablemente por el choque de un asteroide o por erupción de muchos volcanes submarinos a la vez—.

Esta segunda posibilidad se suele ajustar a una anomalía del centro gravitacional del planeta Tierra como resultado de la atracción magnificada de una línea entre los planetas Tierra, Marte, Mercurio y el Sol (en una constelación de astros que sucede cada seis mil años).

Estos sabios jóvenes (atlantes) fueron acogidos por los sabios ancianos y decidieron juntar sus conocimientos.

Con la intención de resguardar estos poderosos conocimientos de un mal uso, se consintió en crear religiones a fin de que los sacerdotes mantuvieran vivos estos conocimientos cuidando que se hiciera buen uso de ellos.

Este capítulo 40 es por lo tanto un episodio revelador.

Mi Carmencita nos explica que compartir esta interpretación debemos entenderlo como **esclarecimiento.**

El amanecer que se menciona se refiere a la promulgación como religión, decidida en aquel entonces, de las partes del total de aquellos conocimientos juntos que aportaron los sabios ancianos a los sabios jóvenes para asegurar la continuidad del mensaje original.

Ocultar los ídolos se interpreta como la creación de diferentes escuelas de chamanes para conservar el mensaje esclarecedor del origen de los ancianos y el origen de los jóvenes sabios.

Se convino en partir los conocimientos y aceptar la primera parte del POPOL VUH como base común, especializando por encima de esta plataforma común otros conocimientos de manera especializada (segregación del contenido de la primera parte del POPOL VUH de estos conocimientos ajenos al POPOL VUH).

La peregrinación de élites visitándose mutuamente procuraría conservar la unidad temática del POPOL VUH como una obra monotemática, sin hacer quiebre entre ambas partes.

El fenómeno que causó la destrucción de la mítica TU-LANZÚ a veces sirve para referirse a la Atlántida y otras veces sirve para referirse a la fundación de esta nueva **unión de conocimientos** que juntaron los relatos de los sabios ancianos con los relatos de los sabios jóvenes.

Para la actual generación esclarecida, todo esto ha de entenderse como la legitimación de un mandato que transfiere mi Carmencita a todos quienes lean estas revelaciones.

Ella me pidió explicarles a ustedes que a ella se le dio **por gracia,** es decir, sin costo ni inversión —**por revelación**—, estando en éxtasis por medio de muchos ejercicios de **oración y meditación profundas.**

Esta revelación obtenida por gracia espiritual y de forma mágica, ella nos la transmite por mandato espiritual, ya que la humanidad ha alcanzado la edad de la maduración como para recibirla y perpetuarla.

La tarea de la actual generación esclarecida no es la de convertir, hacer proselitismo, convencer o «salvar» a alguien.

Eso queda en manos de cada quien, de una manera absolutamente libre de coerción.

No. De lo que se trata es de **la continuidad de la raza humana,** ahora y desde ahora amenazada con su propia destrucción debido al conocimiento de la aplicación de las armas atómicas, bacteriológicas y químicas capaces de crear situaciones de precariedad para las condiciones ideales y necesarias que han asegurado la vida humana en este planeta Tierra.

Independiente del manejo político, económico y militar que se haga de estas armas de aniquilación humana, se nos concede de forma gratuita, de parte de mi Carmencita, la capacidad de organizar la supervivencia humana sobre la base de **la continuidad y permanencia de estas revelaciones.**

Las revelaciones que vienen a continuación contienen pistas y claves de orientación para que estas logren preservar la vida humana en este planeta.

La buena noticia es que también se nos va a mostrar cómo lograr una **buena vida.**

CAPÍTULO 41

Y grandemente se alegraron

BALAM-QUITZÉ,

BALAM- ACAB,

MAHUCUTAH

y YQUIBALAM, cuando se vio el lucero que salió primero ante el sol, y luego desataron el copal o incienso que habían traído de allá del Oriente;

después ha de servir, dijeron en su corazón, y entonces desataron los tres dones que habían pensado en sus corazones.

Y el incienso que traía BALAM-QUITZÉ, se llamaba MIXTAMPON,

y el segundo que traía BALAM- ACAB, se llamaba CAVIZTAMPON,

y el que traía MAHUCUTAH se llamaba CAHAVILPON,

y aquellos tres tenía solo incienso, y esto quemaron cuando se fueron bailando hacia el Oriente, y de dulzura lloraban, y cuando bailaron quemaron su copal, el amado y precioso incienso, y lloraron porque no vieron ni pareció el sol.

Y luego cuando salió el sol se alegraron todos los animales chicos y grandes y todos se salieron de los caminos del agua y de las barrancas, y se pusieron en las puntas de los cerros, y todos se encararon hacia el sol naciente.

Y todos cantaron y gritaron, el león y el tigre; y el primero que cantó fue el pájaro que se llama QUELETZA, y de verdad se alegraron todos los animales;

y tendieron sus alas, el águila y el zope blanco, y todos los pájaros chicos y grandes.

Y estaban de rodillas los Señores y sus vasallos, los de TANUB e YLOCAB, con los de RABINAL

y CACCHIQUELES,

los de QUIQUINAHA, TULHALA,

VCHABAHA,

QUIBAJA,

AHBATENA,

y los de YAQUI-TEPEU

y cuantos pueblos había y hay ahora, que no son contables los nombres, y juntamente a todos les amaneció.

Y luego se secó la tierra por el sol, y era así como un hombre el sol, cuando se manifestó y ardía, y este secó toda la faz de la tierra; y antes que el sol naciera, toda estaba mojada y cenagosa.

Y así como un hombre subió el sol, y no era fuerte su calor sino que solo se manifestaba cuando nació, y solo quedó su espejo, porque no es ciertamente este el sol, que alumbra ahora, dice las tradiciones.

Y luego se hicieron piedra los ídolos TOHIL,

AVILIX

y HACABITZ,

y también los ídolos del león, del tigre, de la víbora, del cantil y del duende, y solo se agarraron de los palos cuando salió el sol, luna y estrellas:

por todas partes se convirtieron en piedras todos:

¡Quizás no estuviéramos en pie nosotros por los animales voraces y mordedores, el león, tigre, víbora, cantil y duendes!

y no se hicieron piedra quizás los primeros animales por el sol !

Y cuando salió se alegraron mucho en su corazón BALAM-QUITZÉ,

BALAM-ACAB,

MAHUCUTAH

e YQUIBALAM;

se alegraron cuando amaneció, y no eran grandes los hombres entonces, sino que eran pequeños cuando estuvieron sobre los cerros de HACABITZ, adonde les amaneció, y allí quemaron el copal y bailaron hacia el Oriente de adonde vinieron, y allá es su Patria, de allá vinieron

BALAM-QUITZÉ,

BALAM-ACAB,

MAHUCUTAH

e YQUIBALAM,

y estos eran sus nombres, y allí crecieron y multiplicaron sobre el cerro, y este fue su pueblo, y allí estaban cuando salió el sol, la luna y las estrellas, y amaneció y se aclaró toda la faz de la tierra y del mundo.

Y allí empezó su canto que se llama CAMUCÚ, que cantaron en el llanto de su corazón; lo dijeron en su canto:

¡Ay que nos perdimos en TULANZÚ, nos desaparecimos!

¡y se quedaron allá nuestros parientes y hermanos!

¿A qué ya vimos al sol y que ya nos amaneció?

Dijeron a sus compañeros los de YAQUI.

Y así mismo es TOHIL su ídolo de los de YAQUI que se llaman: YOLCUAT y QUITZALCUAT.

Y nos dividimos allá en TULANZÚ, y esta fue nuestra salida juntos para acá, y este es nuestro ser cabales dijeron entre sí cuando se acordaron de sus parientes de allá, los de YAQUI, los que les amaneció

allá en MEJICO

que así se llama ahora.

Y también parte de la gente se quedó allá en el Oriente, que se llaman TEPEU-OLIMAN, y se quedaron allá, dijeron, y fue grande el dolor y pena allí de sus corazones sobre el HACABITZ, y así mismo hacen aquello del TANUB e YLOCAB, y así mismo están allí en la montaña otro pueblo que se llama DAN.

Y amaneció a los vasallos del TANUB con su ídolo que así mismo era TOHIL, que uno era el nombre del ídolo de las tres tribus o CALPULES DEL QUICHÉ, y así mismo es el nombre del ídolo de los de RABINAL;

sino es que un poco se diferencia el nombre, porque se llama TOH, y así casi es una misma lengua la nuestra con los de RABINAL;

y así mismo es diferente la lengua de los CACCHIQUELES, porque era diferente el nombre de su ídolo, cuando vinieron de TULANZÚ, y se llama TZOTZIHA- CHIMALCAN, es el nombre de su ídolo, y así es diferente su lengua ahora.

Así como su ídolo, tomaron su nombre, de su Patria y de su Parcialidad, y se llaman AHPOZOTZIL- AHPOXA.

Y así mismo el ídolo se le trocó su idioma, cuando se les dio su ídolo allá en TULANZÚ detrás de la piedra, se les trocó su lenguaje, cuando vinieron de TULANZÚ en la obscuridad;

y juntamente fueron plantados, y les amaneció a todos los pueblos, y en orden fueron los nombres de los ídolos, en cada una de las tribus.

Y ahora diremos la detención y tardanza sobre el cerro adonde estuvieron juntos en uno todos cuatro:

BALAM- QUITZÉ,

BALAM- ACAB,

MAHUCUTAH

e YQUIBALAM,

y lloraban sus corazones sobre el

TOHIL,

AVILIX

y HACABITZ,

que estaban en las equis y yerbas y en el paste de ellos,

Y este fue el principio y determinación de haber puesto allí al TOHIL,

y entonces fueron ante el TOHIL y el AVILIX, que se iban a ver y a saludar y a darle también gracias porque les había amanecido, y los hallaron toda horadada la tierra en la montaña y solo milagrosamente habló.

Y llegando aquellos grandes ante el TOHIL, no llevaban donde provecho, sino solo resina y RACHAC-NOH

(que es también resina) y PERICÓN,

y esto quemaron ante el TOHIL, su ídolo.

Y entonces habló el TOHIL, y solo milagrosamente habló dándoles dirección;

y dijeron:

aquí será nuestra Patria, nosotros somos suyos, y así es grande nuestra dicha y grandeza por todos los pueblos suyos con todos los pueblos, y nosotros vuestros compañeros en el camino.

CUADRAGÉSIMA PRIMERA REVELACIÓN

Ordenado a mí por mi Carmencita, con todo cariño procedo a indicarles el significado histórico de este capítulo 41.

Dijo mi Carmencita que es el relato **de antes y después de la Gran Inundación Universal.**

Explica que antes de la inundación no había llovido nunca y que el clima mundial era nebuloso, cálido y húmedo.

Debido a que se cruzó en la misma órbita del planeta Tierra alrededor del sol una enorme nube sideral compuesta por polvo cósmico, probablemente de un planeta que se desintegró con mucha anterioridad, sucedió que el clima mundial se cambió por causa del oscurecimiento, el cual duró más de mil años.

Los polos se congelaron y surgieron los grandes cerros submarinos, entre ellos ese país que se menciona ubicado al oriente de Mesoamérica y que aquí se le da el nombre de TULANZÚ.

La expansión comercial de aquellos habitantes de TULANZÚ los llevó a trasegar sus conocimientos con las potencias africanas, asiáticas y europeas.

Cuando marcharon hacia el occidente llegaron a las costas del actual México, aquí nombrado como YAQUI, y también a la actual zona de Mesoamérica.

En la península de Yucatán aún hay huellas arqueológicas de **caminos de piedras** que se hunden en el océano Atlántico con rumbo al oriente, y son vestigios de los enormes desembarcaderos de la gente de TULANZÚ/ATLÁNTIDA.

Como resultado del deshielo provocado por el paso final de aquella nube sideral de polvo cósmico, se hundieron muchas islas como la de TULANZÚ.

Los contingentes que viajaron hacia Mesoamérica y el México de ahora en esos otros mil años del «despertar del sol» fueron asentándose allí paulatinamente, y cada vez se llenaban de tristeza al comprobar que su isla de TULANZÚ se perdía irremediablemente, hasta que fue cubierta completamente por las aguas del océano Atlántico como consecuencia del calentamiento del planeta Tierra.

La mención de los ídolos se interpreta aquí como el nacimiento de una forma religiosa de los conocimientos traídos desde TULANZÚ, que pasaron a las nuevas generaciones por medio de **sacramentos religiosos**.

La manera idílica y literaria del relato histórico indica que se ocultó a la masa de los pueblos este trasiegue de conocimientos y se depositó su continuidad en una **casta sacerdotal** que desarrolló todo el formato del **secreto del conocimiento.**

Para la actual generación esclarecida en este siglo 21, mi Carmencita nos revela los siguientes aspectos, que dictan la forma de volver a descubrir aquellos conocimientos que se ocultaron como medida prudente de protección entonces, pero que ahora se desvelan para ayudarnos a estabilizar la vida humana, tan amenazada otra vez en la larga historia del hombre.

Ya el simple hecho de esta revelación implica que ha llegado **el episodio de desacralizar** estos misterios y arrebatarlos de la égida de los chamanes para **depositarlos en los sabios esclarecidos** por virtud de estas revelaciones que nos transmite gratuitamente y amorosamente mi Carmencita.

Por su carácter voluntario de su parte, es que se vuelve un regalo gratuito para la **generación esclarecida,** y se interpreta como «la salida del nuevo sol que vence la oscuridad que tenía ocultas estas novedades».

Por lo tanto ya sabemos que tenemos a disposición los **calendarios astronómicos:**

   a. **del año solar,** para relaciones del clima universal.

Observando las fechas de los eclipses será posible calcular algunas variaciones orbitales de la Tierra en relación con algunos asteroides y nubes de polvo cósmico capaces de incidir en los futuros cambios climáticos en este tercer milenio.

   b. **del año lunar,** para relaciones del comportamiento de los líquidos en el planeta Tierra, lo que hace posible predecir algunos componentes de las masas de agua, del magma, de la savia y de la sangre.

Las corrientes subterráneas de agua suben a la superficie cada vez que la luna ejerce mayor atracción.

Este fenómeno se maximiza cada vez que la Tierra se ordena con la luna y con otros planetas (en línea con el sol).

Saber predecir estos alineamientos nos ayudará a comprender mejor los fenómenos de El Niño y La Niña, las temporadas de huracanes y las reactivaciones volcánicas.

   c. del año del lucero Venus podemos calcular astronómicamente las mejores fechas para los trabajos y faenas en la agricultura y la pesca, sin necesidad de cálculos más complicados.

La órbita de Venus en relación con las de los asteroides, las nubes de polvo cósmico y de los otros planetas (y también del sol), nos proporciona informaciones valiosas que inciden en el comportamiento de la flora y la fauna.

Esto lo obtenemos del calendario venusino.

   d. del estudio del calendario de Antares y Sirio podemos calcular el comportamiento espiritual de cosas y de seres animados.

Estos dos calendarios (de Antares y Sirio) fueron mantenidos en secreto chamanístico hasta ahora, cuando es desvelado amorosamente por mi Carmencita.

El gran propósito de este regalo es para que sepamos ayudarnos a fin de hacer reversibles todos los daños que estamos infligiendo al planeta que nos sustenta.

En este tren de pensamientos, me toca trasladarles los siguientes conocimientos por instrucción de mi Carmencita:

Ella me explica que la vida espiritual carece de tiempo y espacio como dimensiones que podamos percibir los de la generación esclarecida.

La dinámica que se produce cuando logramos alcanzar el **estado de trance o de éxtasis nos pone en conexión con la vida espiritual.**

Como repito —con vehemencia— que tal vida espiritual carece de tiempo y espacio, esto significa que es posible visualizar lo que sucedió, lo que está sucediendo y lo que va a suceder.

Para mejor comprensión de este misterio de cómo es la estructura de la vida espiritual, mi Carmencita nos pone el siguiente ejemplo:

Si partimos de la base racional de que todos los seres materiales e inmateriales producen una huella espiritual, entonces podemos explicarnos que debido a la dinámica atómica de los elementos contenidos, por ejemplo, en una piedra, estos elementos activados desatan una actividad que podríamos definir como **emanaciones, pulsaciones, emisiones y/o energizaciones.**

Entonces, todo animal y planta y mineral deja esa huella de su palpitar cósmico estampada en el tiempo.

Cuando usted está en estado de trance o éxtasis, entonces usted puede «ver» espiritualmente estas huellas esotéricas y usarlas para sus diagnósticos o pronósticos.

El uso cruzado de la observación astronómica junto con la visualización de las huellas esotéricas es una herramienta que deben perfeccionar **los sabios nuevos,** es decir, quienes lean estas revelaciones y decidan practicar **el chamanismo del siglo 21.**

Todos estamos convidados a gozar de esta nueva claridad, de este nuevo sol que nos regala cariñosamente mi Carmencita.

CAPÍTULO 42

Cuidad de vuestro pueblo, y también nosotros los enseñaremos, no nos afrentéis ante el pueblo, cuando nos encolericemos por aquellas sus palabras, y del estilo de sus bocas;

y así no permitid que seamos cogidos en redes, y que solo dándonos la paja y el zacate despreciado, y solamente vendrán a darnos el venado hembra, y las hembras de los pájaros; y un poco de su sangre para nosotros;

¡Pobres de nosotros!

Que será dejada la lana del venado, guardad aquella vista de los ojos y de los engaños que les harán y, y este será su venado, y entonces serán nuestros substitutos ante el pueblo.

Y entonces os dirán:

¿adonde está el TOHIL?

entonces mostradles el venado, y no os manifestéis a vosotros mismos, que hay otra cosa que se haga, porque es mucho vuestro ser, y que trabajen los pueblos todos, y traerán su sangre ante nosotros, y abrazadlo que es de ellos,

dijo el TOHIL, AVILIZ y HACABITZ.

Y se semejaban a mancebos, cuando salieron y cuando llevaban la ofrenda ante ellos.

Y entonces comenzó a ser buscado los pollos de los pájaros y de los venados;

y eran armadas trampas por los principales, y en hallándolos los pollos y venados tiernos y las hembras, iban a poner la sangre en la boca de la piedra de TOHIL y AVILIX.

Y cuando le traían la sangre al ídolo, luego hablaba la piedra, cuando llegaban aquellos señores, que le llevaban la ofrenda.

Y así mismo hacían ante los venados que quemaban resina, pericón y HOLOMOCOX

(que es una hierba),

y los venados cada uno en su cerro, porque los perseguían y no habitaban en sus moradas de día, sino que se andaban por los montes, y solo comían los hijos de los tábanos y avispas y los panales buscaban, y no tenían buena comida ni bebida,

Y entonces no se supo de sus habitaciones, y no se sabe adonde andan sus mujeres o hembras, y luego muchos pueblos se fueron fundando, y se iban juntando cada una de las tribus, y se iban poniendo cerca de los caminos y estaban patente sus caminos;

y BALAM-QUITZÉ,

BALAM-ACAB,

MAHUCUTAH

e YQUIBALAM

no se sabía adonde andaban, y cuando veían los pueblos que pasaban por el camino, y se entraban por las puntas de los cerros, solo gritaban lobos, gatos de monte, leones, tigres y remedaban sus gritos.

Y viendo esto los pueblos, que se andaban cruzando continuamente, y que solo gritaban como lobos, como gatos de monte, como leones y tigres, dijeron:

deben de pensar que no son hombres los de los pueblos, y deben de querer engañarnos haciendo esto:

algo quieren, y no tienen vergüenza de hacer esto que quieren con el aullido de león y tigre, que están haciendo cuando ven la gente, y viendo uno o dos, los quieren destruir de nosotros.

Y todos los días venían con sus mujeres a sus habitaciones y solo traían hijos de tábanos y avispas, y les daban a sus mujeres, todos los días.

Y entonces fueron ante EL TOHIL,

AVILIX

y HACABITZ,

y dijeron en sus corazones;

solo les damos al TOHIL,

AVILIX

y HACABITZ la sangre de los venados y de las aves, y solo nos horadamos las orejas y los codos;

pidamos que nos de fuerzas y fortaleza al TOHIL,

AVILIX

y HACABITZ,

¿Qué quería ser esto de las muertes del pueblo, que de uno en uno nos van matando?

Dijeron entre sí, cuando fueron ante TOHIL,

AVILIZ

y HACABITZ,

cuando se horadaron las orejas y los codos ante el ídolo, y se embarraron su sangre, y la pusieron en la bica de la

piedra, y ciertamente no eran piedras, sino que como niños estaban cuando llegaron.

Y se alegraron de aquella sangre los principales;

y entonces hubo señal de sus obras; ganadles las colas, y
así os libraréis, que de allá vino EL TULANZÚ cuando nos
cargasteis, les fue dicho.

Y entonces les fue dado el cuero que se llama PAZIZIB, y
la sangre que se untan, y fue sangre de sus espaldas que
les dio el TOHIL,

AVILIX

y HACABITZ.

CUADRAGÉSIMA SEGUNDA REVELACIÓN

Este capítulo 42 quiere mi Carmencita que nos sirva para comprender el uso exagerado del recurso didáctico literario de las metáforas como recurso mnemotécnico.

Su intención fue la de asegurar la permanencia del mensaje original, y, gracias a esa continuidad memorial, ahora mi Carmencita nos revela su significado.

Históricamente se trata del relato escondido en esa forma poética de la recordación, muy típica de la lengua maya, y que nos cuenta los esfuerzos por lograr una profunda y sostenible **sincretización** de los conocimientos provenientes de los ancianos sabios (los chamanes originarios del Himalaya y los conocimientos que traían los supervivientes de las islas atlánticas).

Este sincretismmo se dispuso como religioso a fin de seleccionar **algunos conocimientos que se reservarían para el secreto de los chamanes** por considerarlos **peligrosos** para la gente sin instrucción esotérica, la cual se obtendría únicamente en la escuela de chamanes.

Se dispuso que esos **misterios secretos** se revelaran cuando se llegara el tiempo de la madurez, el cual mi Carmencita dispuso que es ahora.

Las razones de esta disposición:

- Los cambios climáticos han sido reversibles en el pasado debido a que nunca fueron provocados por la humanidad misma, a la cual está dedicada toda esta creación.

- No es que la humanidad haya podido crear a esta naturaleza, sino que la naturaleza se creó por los poderes superiores de la vida espiritual para que fuera posible la ida humana.

En consecuencia, ha habido varios cambios climáticos que han producido heladas e inundaciones en intervalos de miles de años.

Que hayan sucedido estos severos cambios climáticos ya cuando los seres humanos poblaban la tierra es motivo de tradiciones, mitos y leyendas, que se quedaron dando testimonio en las diversas memorias colectivas en diferentes partes del mundo.

El elemento ATL = agua, ha sido el común denominador.

En cuanto al significado hacia el futuro de la humanidad, me ha ordenado mi Carmencita muy especialmente que transmita esta revelación a la generación esclarecida.

La figura inicial del relato 42 es una petición a la generación esclarecida relacionada con la **reivindicación** de aquel acto de **sincretismo religioso** ya aclarado aquí.

Se ha usado al venado porque se trata de un animal del bosque, el cual basa su seguridad en su competencia de hacerse invisible.

Los portadores de estos **secretos,** de aquí en adelante, son como aquellos venados que ofrecen el incienso maya (PON), cuando aquí el significado de ese incienso maya (PON) equivale al conocimiento de los secretos aquí revelados.

El resto de la humanidad, que no se enterará de estos conocimientos, equivale aquí a «aquella gente» (que no tenía otra forma de comunicación más que imitar a los animales).

Es una metáfora de **la incultura.**

El peligro de exterminio de la raza humana queda al descubierto en el relato, y mi Carmencita nos explica que se debe al hecho de que tal exterminio mundial esta vez está en las manos de la misma humanidad.

Ni ha caído un meteorito, ni ha ocultado sus radiaciones el sol —como en el pasado—, sino que esta vez el colapso de los recursos hídricos es por mano del hombre.

Claro que para los chamanes y para mi Carmencita y para mí, y ahora y desde ahora para la generación esclarecida, se entiende que han surgido daños colaterales derivados del colapso hídrico.

La invasión humana al bosque resulta en una reducción en la competencia material de limpiar el aire y sobre todo de regular la temperatura del aire.

El aire se ha calentado más allá de la propia capacidad regenerativa de la naturaleza.

La consecuencia es el calentamiento del agua.

Esto deshiela los casquetes polares y sube el nivel del mar.

Esto mismo provoca fenómenos extremos en el régimen de lluvias y precipitaciones incontenibles, a lo que siguen, como consecuencia, los efectos negativos que aceleran la desertificación: la tierra, los suelos, pues, ¡se calientan!

El desequilibrio en el peso del hielo polar (recuerde que un litro equivale a un kilogramo) aumenta las presiones subterráneas y acelera el movimiento desplazatorio de las capas tectónicas.

Por estas razones, los zoonidios (virus animales) de los habitantes de los bosques van a saltar, uno tras del otro, hasta el organismo humano como resultado de la pérdida del hábitat natural de estas especies de las silviculturas.

La contracción de las tierras arables, el descuaje irreversible del bosque y la extracción mineral y petrolera son causantes de una alarma mundial en busca de una reacción que salve a la naturaleza para preservar la vida humana.

No son un llamado bélico ni beligerante, como tampoco son arengas ideológicas deliberantes estas revelaciones, sino que se trata de unas propuestas dedicadas a expresar la solución duradera y a alcanzar el punto final de las economías extractivas.

Es un llamado inteligente que apela a la lógica humana, dirigido a usar los conocimientos del POPOL VUH a fin de apoyar los esfuerzos de gremios científicos y gobiernos, con la intención de lograr revertir la tragedia actual y convertirlo en un **plan de vuelta a la armonía con la naturaleza.**

El cuero PAZIZIB y la sangre de los ídolos aquí significan, para la generación esclarecida, la creación de una alianza de sabios jóvenes que han de encontrar otras pistas ocultas en el POPOL VUH desde ahora en adelante.

CAPÍTULO 43

Y aquí empieza su ser hurtados los hombres de los pueblos de

BALAM-QUITZÉ,

BALAM-ACAB,

MAHUCUTAH,

e YQUIBALAM;

y luego fue el ser matado el pueblo, que los tomaron estos, y solo por una o dos partes andaban cuando los tomaron y luego los iban a sacrificar ante el TOHIL y AVILIX, y luego echaban la sangre en el camino, y arrojaban sus cabezas en los caminos y decían los pueblos:

el tigre se los comió, y lo decían porque veían que a modo de huellas de tigres las hacían, y no se manifestaban, y ya habían Hurtado muchos pueblos.

Y tarde lo echaron de ver los pueblos y decían:

¡Si será el TOHIL y AVILIX, el que entra aquí y busca solo a los capitanes!

¿Adonde estarán sus casas?

Seguiremos pas pisadas, dijeron todos los pueblos, y entonces consultaron entre sí, y luego empezaron a seguir las huellas de los Principales y no se podia rastrear, solo veían pisadas de venados y de tigres y no se rastreaban las pisadas primeras, sino que estaban vueltas para que se perdieran, y no estaba el camino claro, y empezaba a agarbar, una garba y neblina, y se hacía mucho lodo y garbaba y esto es lo que se veía ante los pueblos.

Y cansados ya de buscar, dejaron de seguir, porque era muy grande el ser del TOHIL,

AVILIX

y HACABITZ,

y se fueron lejos a lo alto de un cerro los pueblos de adonde los mataban y de aquí empezó el hurto de la gente que muere en los caminos, y que se sacrifican ante el TOHIL,

AVILIX

y HACABITZ y libraron a sus hijos allí sobre el cerro.

Y el TOHIL,

AVILIX

y HACABITZ, andaban como tres niños, y así se parecían a niños, y solo por milagro de la Piedra, y así fueron vistos en un río, que se bañaban a la orilla del agua, y se llamó manifestación de ellos aquel baño del TOHIL, y muchas veces los veían los pueblos, y luego se les desaparecían, cuando eran vistos de los pueblos, y entonces hubo noticia adonde estaban

BALAM-QUITZÉ,

BALAM-ACAB,

MAHUCUTAH

e YQUIBALAM,

y entonces consultaron los pueblos para que fuesen muertos.

Y lo primero quisieron consultar los pueblos el ganar al TOHIL,

AVILIX

y HACABITZ;

esto propusieron los Principales ante los pueblos, y fueron todos llamados y convocados, y ni una ni dos de las tribus se quedó, sino que todas se juntaron y se llamaron.

Y entonces consultaron, y dijeron, preguntándose unos a otros:

¿Qué haremos para ganar a estas añadiduras de los QUICHÉS?

Porque se acaban los vasallos, porque no está claro como se pierden los hombres si nos acabamos por el hurto cuando sea hecho, o si es grande enojo este del TOHIL,

AVILIZ

y HACABITZ y este será nuestro ídolo el TOHIL en esclavitud.

¿No será posible que los ganemos?

¿Por ventura, no somos nosotros muchos hombres?

Y esta nuestra añadidura son pocos, esto dijeron cuando se juntaron todos. Y dijo una parte de los pueblos cuando habló:

¿Adonde vieron que se bañaban en el río todos los días?

Y si este es TOHIL,

AVILIX

y HACABITZ,

los venceremos primero, y allí tendrá pricipio su ser ganados los grandes.

Esto dijo la mitad cuando habló, y dijeron:

¿Qué será aquello con lo que los hemos de ganar?

Dijeron los demás: de esta suerte, dijeron los ganaremos:

Porque son mancebos, cuando se manifiestan en el río:

vayan dos doncellas que sean muy hermosas, y que sean muy blancas doncellas, y que se les vaya el deseo a ellas.

Está bien, dijeron todos; busquemos dos hermosas doncellas, dijeron.

Y entonces buscaron entre sus hijas, y ciertamente eran muy blancas niñas, y les mandaron entonces y dijeron:

¡Hijas! andad a lavar los paños al río, y si os vieren trs mancebos, desnudaos ante ellos, y si os apetecen, ganadlos.

Iremos allá adonde estais vosotras, si os dijeren así, decidles que si, y cuando os fuese preguntado,

¿de adónde habéis venido, y de quien sois hijas?

somos hijas de los Señores, decidles, y decidles, que os den señal y traed la señal que os dieren;

y si quisieran cohabitar con vosotras, daos a ellos, y mirad que si no os dais, os hemos de matar, y si traéis señal, luego estará Bueno nuestro corazón para con vosotras, y os querremos, y si hubiere señal alguna, traedla.

Esto les mandaron a las dos doncellas que se llamaban la una XTAH

y la otra XPUCH

y las dos doncellas XTAH y XPUC fueron enviadas al río adonde se bañaba el TOHIL,

AVILIX

y HACABITZ,

y esto fue lo que discurrieron los pueblos.

Y luego se fueron a componer y a aderezar, y ciertamente que estaban hermosas, cuando se fueron al río, al baño del TOHIL, y desvergozadamente lavaban y deshonestamente, y se alegraron los Señores, por sus dos hijas que habían enviado;

y llegando al río empezaron a lavar y se desnudaron ambas a dos, y estaban cada una en su piedra trabajando cuando llegó el TOHIL,

AVILIX

y HACABITZ.

Y llegaron al río, y un poco disimularon verlas a las dos doncellas que lavaban, y las doncellas luego tuvieron vergüenza cuando llegó el TOHIL, y de ningún modo apeteció el TOHIL a las dos doncellas y entonces les fue preguntado:

¿de adónde venís?,

les fue dicho a las dos doncellas;

¿qué es lo que queréis, que venís aquí a nuestra agua?

Y les fue dicho:

nosotras somos enviadas acá por los Señores, y nos dijeron: andad a ver las caras de TOHIL, y hablad con ellos.

Y así mismo traed señal de que habéis visto sus caras, se nos fue dicho.

Y habiendo declarado su enviada, dijeron:

¿Querían los pueblos que fornicasen las doncellas con los nahuales de TOHIL?

Dijeron TOHIL,

AVILIX

y HACABITZ.

Y dijeron otra vez a XTAH y XPUCH, que así se llamaban las doncellas:

está bien, irá señal de nuestra palabra con vosotras, aguardad un poco, se dará que lleven a los Señores.

Y luego consultaron los Principales, y se les dijo a BALAM-QUITZÉ,

BALAM- ACAB,

MAHUCUTAH

e YQUIBALAM:

pintad en los tres paños la señal de vuestro ser que vaya ante los Señores en los pueblos, que lo lleven las dos doncellas que lavan

¡dáselo!

les fue dicho a BALAM-QUITZÉ,

BALAM-ACAB

y MAHUCUTAH.

Y luego pintaron los tres, y el primero BALAM-QUITZÉ pintó la imagen de un tigre que la pintó en el paño;

y BALAM- ACAB pintó su imagen que era un águila, y la pintó en el paño,

y pintando MAHUCUTAH, pintó todos los tábanos y avispas, por todas partes llenó de avispas su pintura en el paño.

Y acabaron sus pinturas los tres, en tres dobleces pintaron, y luego fueron a dar los paños a XTAH y XPUCH, que así se llamaban, y les dijeron BALAM- QUITZÉ,

BALAM-ACAB

y MAHUCUTAH:

esta es la señal de vuestra palabra y verdad, andad llevadlo ante los Señores y decidles, que ciertamente habló el
TOHIL a vosotras, y esta es la señal que traemos; esto les
diréis a ellos, y dadles las tinajas que las vistan.

Esto les fue dicho a las doncellas, cuando fueron despe-
didas, y luego se fueron y llevaron los paños pintados, y
luego que llegaron, luego se alegraron los Señores cuando
las vieron y llevaban pendientes de sus manos su petición
las doncellas

¿Por ventura visteis al TOHIL?

se les fue dicho.

Y dijeron: lo vimos.

Está bien, dijeron ellos,

¿y qué señal trajisteis?

¿es así verdad?

Y pensaban los Señores que era señal de haber pecado y
tendieron entonces los paños pintados las doncellas, y por
todas partes eran tigres, por todas partes águilas y todo
tábanos y avispas, lo que estaba pintado en el paño.

Que estaba bruñido.

Y entonces desearon ponérselos, y pusiéronse el primero, y no les hizo nada el tigre, que estaba pintado en el paño;

y luego el Señor se puso el segundo en que estaba el águila, y no le hizo nada y le daba vueltas delante de todos que habían pedido se lo pusiese.

Y luego se puso el tercero, que estaba pintado de tábanos y avispas, y luego empezaron a picarle todo el cuerpo los tábanos y las avispas, y no pudo tolerar ni sufrir las picadas de los animales pintados, y empezó a dar gritos en la tercera pintura.

Y fueron vendidas y afrentadas las doncellas por los Señores. La XTAH y XPUCH, y que hubiesen sido rameras según la voluntad de los pueblos, que hubiese sido tentación de ellos, y no tuvo efecto que cayesen por los naguales de los hombres que BALAM-QUITZÉ,

BALAM-ACAB

y MAHUCUTAH.

Y entonces consultaron otra vez los pueblos:

¿qué haremos a estos?

que de verdad es mucho su ser cuando sea hecho, dijeron otra vez, cuando se juntaron a consejo.

Lo que se hará, será sobrepujarlos, vencerlos y matarlos, nos armaremos con saetas y escudos:

¿por ventura no somos nosotros muchos?

No ha de quedar uno ni ninguno de ellos, dijeron cuando tomaron parecer, y armáronse todos los pueblos, y se juntaron muchos matadores de todos los pueblos.

Y BALAM-QUITZÉ,

BALAM-ACAB,

MACHCUTAH

e YQUIBALAM

estaban en lo alto del cerro que se llamaba HACAVITZ,

y allí libraron a sus hijos sobre el cerro, y eran pocos, no así como la muchedumbre de los pueblos, y solo era poco la cumbre del cerro que habían fortificado:

como ha sido que han pensado los pueblos que fuesen muertos cuando se juntaron todos y se convocaron.

CUADRAGÉSIMA TERCERA REVELACIÓN

La revelación 43 tiene una función de bisagra, pues conecta el efecto de la fusión de conocimientos de los sabios ancianos con los sabios jóvenes, y permite transitar hacia atrás y hacia adelante partiendo de este punto del inicio de tal fusión de conocimientos.

La metáfora se traduce con absoluta certeza en la interpretación que nos ha dejado mi Carmencita de manera gratuita y amorosa.

Se trata de las tentaciones y peligros propios de la expansión de los conocimientos que se fusionaron.

El peligro de perderse significa un extravío, que es de esperarse y de suponerse en toda causa esclarecida.

Al principio, las tradiciones, supersticiones y convenciones vigentes van a ser sometidas a estrés por la confrontación con estas revelaciones, y tiene que producirse la resistencia natural contra el cambio de pensamiento.

El encanto sexual aquí relatado equivale a lo <u>irresistible</u> que es el conocimiento nuevo, capaz de convencer por encima del uso de costumbres acarreadas y encementadas y tenidas como **la verdad,** hasta pasar a la definición de **la realidad.**

Los tres mantos en el relato significan las variaciones en la capacidad de eclipsar los conocimientos añejos por medio del aumento en las competencias mentales que sirven para manejar los mecanismos de reposición de los recuerdos.

Es entonces la represión sentimental la gran herramienta que está simbolizada en los tres paños que contienen

- al tigre,

- al águila, y

- al tábano junto con las avispas.

El comportamiento natural de estos animales se ha seleccionado para manifestar —a manera de inspiración— algunas competencias a las cuales aspirar en el proceso de asimilación de estos conocimientos recién revelados a nosotros, la generación esclarecida.

- El tigre no ataca sino hasta que tiene definido su perímetro de seguridad. Esto significa una tarea de acecho y compilación de la información del entorno, tanto del terreno como de la conducta del rival, aunque en el caso de su defensa se muestra feroz e irreconciliable.

- El águila desarrolla un patrón de conducta adecuándose a una rutina, la misma que está determinada por la zona de cacería de cada individuo. Aquí el énfasis es el de crear y mantener hacia la perfección una rutina de vida que evite las posiciones extremas (suprema alegría o suprema tristeza).

- Los tábanos y avispas se caracterizan por comunicar el ataque a otros individuos (las feromonas aquí equivalen a tareas y acciones siempre en clave plural). El rival ha de desalojar el terreno tan solo por el temor anticipado a las molestias de un aproximamiento intelectual idéntico a las picaduras de los tábanos o avispas.

Este rival —aquí— representa a los **vicios y costumbres** que van a dejar paso a la nueva forma o nuevo estilo de vida que estamos conociendo en sus detalles a lo largo de estas revelaciones. Es decir, que cada persona que se asome a estas revelaciones gratuitas y amorosas de mi Carmencita está en completa libertad de incorporarlas a su carácter, o no.

Pero si se decide a integrar estos conocimientos a su estilo de vida, le quedan tres opciones graduales para esa asimilación de conocimientos en su conducta:

a. Ejercitar la oración profunda y la meditación profunda puede llevar al éxtasis. En el estado de éxtasis, cualquier persona puede «percibir» la vida paralela espiritual.

Los objetos y los organismos, ya hemos explicado que emanan energías en ese paso por la vida real.

Estas energías dejan huellas en la vida espiritual.

Algunas huellas están marcadas por colores en las escalas que normalmente no son detectadas por el ojo humano (desacostumbrado).

Se trata del infrarrojo y del ultravioleta, que son colores detectables para algunos animales, pero no para el ojo humano.

El estado de éxtasis tiene esta virtud, y por eso el practicante de la oración o meditación profunda de repente puede ver esas dos escalas cromáticas.

Esto equivale a un grupo de personas esclarecidas que llegan hasta aquí, aunque no pasan de ese **nivel básico.**

  b. El que podríamos llamar **nivel intermedio** es el que se alcanza con cualquiera de las prácticas, ya sea por el estado de éxtasis derivado de la oración/meditación profunda.

Este estado de éxtasis puede necesitar de una inversión de tiempo que en algunos casos incluso raya las treinta y seis horas seguidas de ejercicios de introspección.

El uso es lo que determina la diferencia entre el nivel básico y el nivel intermedio.

Buscar la **huella espiritual** de un paciente es el uso más conocido.

El uso terapéutico trata de encontrar el **quiebre,** fractura o trauma espiritual que se está manifestando en una anomalía funcional del organismo.

Una vez encontrado el mal o anomalía espiritual, el intermediario puede «hacer suya propia» esa anomalía ajena.

En el estado de éxtasis, el intermediario encontrará instintivamente la forma de expeler, de su vida propia espiritual, esa anomalía ajena.

Las infinitas formas de hacer esta «limpia» se aprenden en la escuela de chamanes.

c. **El nivel avanzado** ya se reserva para describir anomalías del pasado, pero también para hacer pronósticos (a futuro).

Aquí se trata de «paseos espirituales a través de la intemporalidad».

Estos tres niveles de entrar y salir de la corriente espiritual pueden alcanzarse, además de por el método del éxtasis y por medio del estado de trance, con la ayuda de recetas que se basan en alucinógenos naturales.

Esta práctica debe aprenderse con el acompañamiento de un chamán y nunca por cuenta propia.

El daño espiritual por una mala práctica puede variar desde un ligero desvarío, por lo general manifestado por la pérdida de sensibilidad de la vista, del oído, el gusto, el olfato o del tacto, hasta la pérdida de la realidad, lo cual ya es una morbilidad nerviosa o una patología mental.

No se conoce el tratamiento que logre que alguien que padezca este síndrome agudo de apatía pueda regresar a la normalidad.

Muchas personas experimentan con alucinógenos sin conocer los procedimientos de «entrar y salir» de la vida paralela espiritual y se quedan como idos, atrapados en una apatía, para la cual no se conoce el tratamiento clínico que la cure.

No todos estamos dotados de la necesaria fortaleza espiritual y mental para estos niveles de chamanismo.

CAPÍTULO 44

Y esta fue la junta de todos los pueblos que ya estaban armados con flechas y escudos todos, y no era contable la plata de su adorno y estaban hermosos todos los Señores y soldados, y de verdad sabían hacer todo lo que decían:

y todos han de ser cautivos, y el TOHIL será nuestro ídolo, y lo saludaremos y solo lo cautivaremos, dijeron entre sí.

Y así mismo todo lo sabía el TOHIL y también lo sabía BALAM- QUITZÉ,

BALAM-ACAB y

MAHUCUTAH,

oían todo lo que consultaban, porque no dormían desde que se armaron todos de saetas y escudos los enemigos.

Y luego se levantaron todos los guerreadores y pensaron entrarlos de noche cuando se fueron, y no llegaron sino que en el camino velaron todos los soldados;

y luego fueron vencidos por BALAM-QUITZÉ,

BALAM-ACAB

y MAHUCUTAH,

y todos juntos velaron en el camino y sin sentirlos todos se durmieron.

Y luego empezó a ser repeladas sus barbas y sus ojos, y luego fue desalada la plata de ellos en sus cuellos con los chalchigüites y sus cuellos y sus varas.

Y solo tomatón la plata en escarmiento y castigo de ellos, y en engaño suyo fue hecho en señal de la grandeza de los QUICHÉS, y despertando otra vez, a toda prisa palparon sus chalchigüites y sus varas, y no había ya plata en sus cuellos con sus chalchigüites.

¿Quién es este, dijeron, que nos ha robado?

O, ¿quién es este que nos ha repelado?

¿de adónde vino este que nos ha robado nuestra plata?

Dijeron todos los soldados;

¿quizás es aquel demonio que hurta a los hombres?

Ea, que no por eso hemos de tener miedo a ellos, que hemos ganar su pueblo, y así mismo cogeremos otra vez nuestra plata.

¿Qué les hemos de hacer?

Dijeron todos los pueblos, y todos los que cumplían su palabra.

Y así mismo estaban los Señores Principales muy sosega-
dos sobre el cerro, y sabían muy bien lo que habían de
hacer BALAM-QUITZÉ,

BALAM-ACAB,

MAHUCUTAH

e YQUIBALAM;

y habiendo consultado el BALAM- QUITZÉ,

BALAM-ACAB,

MAHUCUTAH

e YQUIBALAM,

hicieron muralla a la orilla del pueblo, y solo lajitas pusieron a la redondez del pueblo, y luego hicieron dominguejos así como si fueran hombres, y luego los pusieron
en orden sobre la muralla, y tenían sus escudos y sus flechas, y les pusieron sus chalchigüites de plata y sus ropas,
y eran solo dominguejos a quienes pusieron la plata de los
pueblos, que fueron a hurtar al camino;

y con esto adornaron a los dominguejos, y se anduvieron a
la redonda del pueblo.

Y luego fueron a pedir parecer al TOHIL:

No es de cuidado porque yo estoy aquí, esto les meteréis a ellos;

no nos amedrentéis, les fue dicho a BALAM-QUITZÉ,

BALAM-ACAB,

MAHUCUTAH

e YQUIBALAM.

Y luego pusieron tábanos y avispas que fueron a traer, y cuando vinieron, los pusieron en cuatro calabazos grandes y pusieron todos cuatro a la redonda del pueblo.

Y los encerraron a los tábanos y avispas en las calabazas, y estos eran los que habían de hacer la guerra a los pueblos, y se escondieron y se pusieron en espía, y fue espiado el pueblo por los mensajeros de los pueblos.

Las espías no son muchas, dijeron, y solo vieron a los dominguejos que meneaban las flechas y los escudos, y cierto que parecían hombres matadores y viéndolos los pueblos, se alegraron mucho porque no eran muchos los que vieron, y los pueblos eran muchos y no eran contables los hombres de pelea y matadores que venían a matar a BALAM-QUITZÉ,

BALAM-ACAM,

MAHUCUTAH

e YQUIBALAM,

que estaban sobre el cerro HACABITZ; y ahora diremos como fue su entrada.

Y allí estaban BALAM-QUITZÉ,

BALAM-ACAB,

MAHUCUTAH

e YQUIBALAM,

todos juntos están sobre el cerro con sus mujeres y sus hijos, cuando llegaban todos los enemigos matadores;

y no solo venían unidos en compañía de los pueblos y cercaron todo el pueblo y mormollaban armados de saetas y de escudos, y gritaban y silbaban con las manos, y entrando debajo del pueblo no les daba cuidado a aquellos Señores, sino que atentos miraban sobre la muralla, todos en orden con sus mujeres y sus hijos, y aguardaban suspensos la obra.

Y estaban contentos los pueblos cuando subieron sobre el cerro, y poco faltaba ya para que se arrojasen a la orilla del pueblo, y luego abrieron los calabazos todos cuatro los que estaban en el pueblo, y salieron los tábanos y avispas como humo, cuando salieron de los calabazos y perecían los pueblos por los animales, porque derecho se iban a las niñas de los ojos, y a las narices y las bocas y a las piernas y los brazos.

¿Quién será el que va a coger y a arrebatar todos estos tábanos y avispas que hay?

Y derecho los mordían las niñas de los ojos, y hervían los animalejos, y se amontonaban contra cada uno de los soldados, y estaban como embriagados por los tábanos y avispas, y no podían ya coger sus flechas y los escudos, y se les cayeron en el suelo, y se tendieron sobre el cerro, y no sentían ya las flechas que les tiraban y que los aporreaban con las hachas, y solo palos mondos sacaron BALAM-QUITZÉ y BALAM-ACAB .

Y sus mujeres también fueron matadoras, y la mitad de ellos se volvieron corriendo todos los pueblos que vieron a los primeros que habían muerto y se habían acabado, y no pocos hombres murieron, y no murieron aquellos que de todo su corazón perseguían, sino que solo los animalejos los acometieron;

y no fue quien hizo la guerra, ni soldados, ni saetas, ni escudos, cuando sed levantaron los pueblos, y se levantaron a mayores contra BALAM- QUITZÉ,

MAHUCUTAH,

BALAM-ACAB

e YQUIBALAM,

y dijeron ellos:

No nos matéis, que somos unos pobres.

Está bien, dijeron;

y aunque erais dignos de muerte, solo seréis tributarios para siempre, les fue dicho.

Y así fue la sujeción de todos los pueblos por nuestros primeros padres, y sucedió esto sobre el cerro que ahora se llama HACABITZ, y este fue el primero adonde fueron plantados, y allí se multiplicaron y aumentaron y tuvieron hijos e hijas sobre el cerro HACABITZ, y se alegraron mucho cuando sujetaron todos los pueblos.

Y allí fueron sujetados sobre el cerro, y así sucedió esto de vencer a los pueblos, y luego se sosegaron sus corazones y les hablaron a sus hijos.

Ya se había acercado su muerte, cuando los quisieron matar, y ahora diremos del fin y muerte de BALAM-QUITZÉ,

BALAM-ACAB,

MAHUCUTAH

e YQUIBALAM.

CUADRAGÉSIMA CUARTA REVELACIÓN

La revelación 44 es dicotómica pues contiene «el texto o parlamento» transmitido oralmente por medio del canto ceremonial para recordar la fórmula del sincretismo del saber que quedó fundido entre los sabios ancianos herederos del conocimiento del Himalaya y los sabios jóvenes procedentes de la Atlántida.

En tanto que los sabios ancianos fueron reactivos y pasivos, sucedió que los sabios jóvenes se comportaban con talante conquistador, es decir, proactivos y con iniciativas brutales y enérgicas.

Este canto del POPOL VUH ya es un estilo profético y triunfalista en contraste con «el parlamento» de los chamanes originales.

Su proyección hacia el futuro es lo interesante para la generación esclarecida debido a que dicta algunas pautas de estilo que se deberán cumplir desde ahora en adelante.

La metáfora se traduce con el significado siguiente:

Para las actuaciones **como nación,** deben llevarse a cabo las pesquisas, investigaciones y conclusiones basadas en hechos comprobables relacionados con el pensamiento, intenciones, costumbres y tradiciones de las naciones interlocutoras.

Este conocimiento sustraído de informes de inteligencia del Estado debería ofrecer opciones de actuación que eviten el enfrentamiento tosco, bruto, directo, de parte de la generación esclarecida; más bien debe aportar el saber —o conocimiento certero— de las fortalezas y debilidades del interlocutor.

De sobremanera se nos indica esforzarnos por descubrir en secreto cuales son las aspiraciones, intenciones, anhelos y objetivos ajenos.

Siempre que haya consultación endógena y previa, se deben enfrentar estos ambos estamentos: el propio, y, a la par, el ajeno.

La comparación de fortalezas, debilidades, propósitos y costumbres debe ofrecernos un producto final de este ejercicio de comparación: **definir nuestras propias ventajas comparativas.**

Me toca repetir, aprovechando esta revelación 44, el significado mágico-esotérico de la cifra 4:

El valor abstracto del concepto matemático comienza después, es decir, a continuación del valor absoluto de las cifras 1, 2 y 3, a las que sigue = **muchos** como adjudicación de la cifra 4-.

Por esta situación de valor mágico, el 44 bien puede definir dos opciones esotéricas:

Significa «muchos más», o le damos el significado de «**muchos muchos**» o «varios muchos».

Esto explica la decisión de mi Carmencita en cuanto a esta revelación bajo el aura de la cifra 44.

Para la generación esclarecida, aquí tenemos una **guía de actuación** hacia nuestro futuro. Los ancianos sabios, custodios fieles del conocimiento chamanista del Himalaya, son aquí «**los muchos**»; y los jóvenes sabios, custodios fieles del conocimiento más inclinado a lo religioso proveniente de la Atlántida, aquí constituyen «otros muchos».

La sincretización de ambos conocimientos, desde ahora bajo la custodia de la generación esclarecida, se constituye —por lo tanto— en «muchos más», pero también en «muchos **muchos**» (varios).

Para las negociaciones y consultaciones que se avecinan como necesidad de tomar posesión del espacio de maniobra que se logre conseguir para cohabitar con las demás explicaciones mitomágicas, religiosas y supersticiosas que existen y que están surgiendo, se nos dicta un estilo que cambie el principio de acusación ajena —como argumentación— para ser substituido por otro estilo que perdone la culpa del interlocutor al trocar esa culpa ajena en **tributación a nuestro favor.**

Argumentar mencionando la culpa ajena no es parte del estilo de la generación esclarecida, sino que obramos como perdonando esas culpas ajenas y convirtiéndolas en subjección a favor de nuestros conocimientos del POPOL VUH, es decir, adicionando esa culpa ajena a nuestra argumentación de tal manera que se produzca una ampliación del espacio conjunto de ambas explicaciones mitomágicas.

La muerte de los estilos anteriores = el estilo de los sabios ancianos originarios del Himalaya; y el estilo de los sabios jóvenes, quienes ya no pudieron regresar a su Atlántida porque se hundió en el océano que lleva su nombre, significa el **nacimiento de nuestra generación esclarecida.**

La metamorfosis espiritual es necesaria para preservar la vida de la humanidad en este mismo planeta, el cual contiene los mismos recursos propios del principio. La misma agua, el mismo aire respirable y la misma extensión habitable.

Pero el equilibrio entre esos recursos y el estilo de la humanidad tiene que volverse a armonizar.

Aquí queda revelada la **misión profética, pastoral y amorosa** que mi Carmencita nos ha transferido bajo la condición de que estas revelaciones de ella no agoten lo que debemos entender, sino que ella aspira a que sea una puerta que se abre a **la certeza de que un mundo mejor es posible** por mano y decisión del ser humano, por encima del comportamiento de los fenómenos naturales.

No es el magma que forma el centro líquido del mineral fundido a gran temperatura el responsable de nuestra vulnerabilidad frente a los terremotos, sino nuestro olvido de las fórmulas válidas para predecirlos.

Recuperar esa competencia premonitoria es tarea de nuestra generación esclarecida.

Los casquetes polares se engrosan cuando el planeta se enfría, y se deshacen cuando el planeta se calienta.

Es ley natural que estos episodios de cambios climáticos hayan ocurrido desde la Creación.

La diferencia con la actual crisis climática global, en el albor del siglo 21, es que aquellos episodios anteriores fueron por causas naturales, y esta vez resulta ser consecuencia del mal comportamiento humano.

Nuestros avances en las ciencias físicas y químicas han puesto conocimientos limitados y difusos en cuanto a sus consecuencias, creando condiciones desfavorables para el equilibrio de la naturaleza.

La ciencia atómica y la aventura sideral son dos ejemplos magnificados de esta anomalía histórica.

En vez de un manejo equilibrado de nuestros conocimientos en biología, aplicando controles biológicos de las plagas que cercenan las cosechas, hemos escogido el atajo que recorta el camino, usando la aplanadora química con sus tremendas consecuencias negativas.

El resultado evidente es la depredación de los recursos naturales, el envilecimiento de las tierras arables y del agua para su uso agrícola y humano.

Estos fenómenos artificiales decididos por una humanidad engolosinada en un par de triunfos físicos y químicos que apenas puede manejar con seguridad han provocado el pecado irreversible de la invasión de los bosques, en donde reposan —además de las reservas de oxígeno y de agua potable— las huellas espirituales que nos permiten percibir la intemporalidad y que nos tienden puentes hacia el pasado y hacia el futuro.

Como daño colateral de esta invasión irredenta del bosque, la humanidad se ha puesto y expuesto al contagio de los virus zoonóticos, los cuales tienen la capacidad de dar el salto desde los organismos de los animales del bosque profundo hacia el organismo de los seres humanos cuando tienen contacto mercantil con estos animales de la selva.

Los virus tipo SARS-CORONA son el último ejemplo, aunque no sea el último de estos accidentes de contagio indeseable.

La humanidad se nos presenta a nuestra generación esclarecida con hambre de armonizar al ser humano con la naturaleza.

CAPÍTULO 45

Y habiendo ya conocido que se morían, les avisaron sus hijos;

y no estaban enfernos y tampoco agonizaban ni estaban <u>in agone</u> cuando dispusieron sus cosas y avisaron a sus hijos.

Y así se llamaban sus hijos;

dos tuvo BALAM-QUITZÉ:

GOCAIB, se llamó el primero,

y el segundo GOCAVIB,

que son padres y abuelos de los de CAVIQUIB.

Y BALAM-ACAB tuvo otros dos hijos y se llama ban as:

el primero GOACUL,

y GOACUTEC se llamaba el Segundo hijo de BALAM-ACAB.

Y solo uno engendró MAHUCUTAH, que se llamó GO-HAAN, y solo estos tres hijos tuvieron hijos, y de verdad eran Señores de respeto, y estos eran los nombres de los hijos, y a estos les avisaron y mandaron estando todos cuatro juntos en uno;

y cantaron y estaban tristes y lloraban en su canto y se llamaba el canto GAMAGÚ, el nombre del canto que cantaron.

Y entonces avisaron a sus hijos:

¡Mirad, hijos nuestros!

Que nos vamos y no volvemos, y es ilustre y clara esta palabra y mandato que os mandamus ahora:

Poco ha que venisteis de aquella vuestra patria, que está lejos:

vosotras, esposas nuestras, les dijeron a sus mujeres,

(y de cada una de pos sí se despidieron)

nos vamos a nuestro pueblo, ya quedó en orden el Señor de los venados;

manifiesto está en el cielo, ya haremos nuestra Vuelta, ya se ha hecho todo lo que estaba a nuestro cargo, ya se ajustaron nuestros días;

no nos olvideis, ni nos perdais;

mirad vuestras Casas y vuestra Patria, y plantaos y multiplicand, y venid y andad a ver otra vez el lugar de adonde venimos.

Esto dijeron cuando se despidieron, y quedó entonces señal del ser y costumbre de BALAM-QUITZÉ, y les dijo:

esto os dejo, para que os acordeis de nosotros, esto dejo con vosotros, y esta será vuestra Grandeza.

Ya me despedí, y os avisé y estoy triste; esto dijo cuando les dejó la señal de su ser y costumbre, que se llama:

LA MAJESTAD Y GRANDEZA ENVUELTA, y no se sabe qué es, sino que quedó envuelto y no se desató ni desenvolvió, y no se sabe por donde está cosido;

porque no lo vieron cuando se envolvió, y así fue su despedida, y se perdieron de sobre el cerro de HACABITZ, y no fueron vistos más de sus mujeres e hijos, y no se sabe que se hicieron cuando se desaparecieron; solo se supo de su despedida y del envoltorio, que fue cosa muy amada para ellos.

Y esta fue la memoria de sus padres; y luego cortaron ante La Memoria de sus padres, y de aquí nacieron los hombres por los Señores cuando tomaron de BALAM-QUITZÉ, empezaron los padres y abuelos de los de CAVIQUIB, y no se perdieron sus hijos GOCAIB y GOCAVIB, y así fueron las muertes de aquellos cuatro nuestros primeros padres y abuelos, cuando desaparecieron y dejaron a sus hijos sobre el cerro HACABITZ.

Y allí se estuvieron sus hijos, y estando ya los pueblos avasallados ya no tenían grandeza sino que se estaban y se cargaban todos los días, y acordábanse de sus padres.

Y era cosa grande aquel envoltorio para ellos, y no lo desataron sino que se estuvo envuelto con ellos, y es llamado por ellos

LA GRANDEZA ENVUELTA,

y entonces se celebró y se le puso en nombre a lo que les dió a guardar su padre, solo en Memoria de quienes eran, cuando lo hicieron;

y así fue cuando desaparecieron y se perdieron BALAM-QUITZÉ,

BALAM- ACAB,

MAHUCUTAH

e YQUIBALAM:

los primeros hombres que vinieron de la otra parte del mar, del Oriente;

antiguamente vinieron aquí y murieron ya, siendo muy viejos, y son llamados:

LOS RESPETADOS Y ACATADOS.

CUADRAGÉSIMA QUINTA REVELACIÓN

La interpretación de este canto 45 nos la revela mi Carmencita así:

- Los primeros padres y abuelos que vinieron del oriente son quienes fundaron las religiones en Mesoamérica sincretizando el conocimiento de los chamanes originales —que ya estaban asentados allí— junto con sus conocimientos que trajeron del oriente de este territorio de Mesoamérica.

- La diferencia fundamental en el estilo es que los chamanes originales nunca usaron religiosamente los conocimientos que poseían, pero estos que se agregaron proviniendo del oriente de Mesoamérica introdujeron la teología como estilo.

- Se adoptó el canto —que ya estaba instalado por los chamanes originales— para recordar sus conocimientos, pero también su historia (en vez de la escritura).

- La danza reforzó la capacidad mnemotécnica, y de esta aglomeración (de danza y canto) surgió el ceremonial y el rito religioso que tienen su inicio en este capítulo 45.

- Comienza con el culto a los muertos y deja la metáfora de un bulto que debe de haber pesado dos quintales, compuesto de un empaque de talpetate amarrado con bejucos. Este bulto liado se llamó

  la majestad y grandeza envuelta,

  y también

  la grandeza envuelta.

- El memorial de **los primeros hombres que vinieron de la otra parte del mar, del oriente,** llamados desde entonces **los respetados y acatados,** indica que así como vinieron del oriente hasta Mesoamérica, de la misma forma al morir regresaban espiritualmente a aquel oriente de donde salieron un día.

- Esto señala el retorno de un día, cuando del oriente viene el sol y se va por la noche para reaparecer nuevamente por el oriente al día siguiente (misterio de la reencarnación).

- Este es **el ciclo vital** que es recordado desde entonces por medio del culto a los muertos.

- Los ancianos que van muriendo desde entonces se vuelven **los respetados,** cuya memoria prohíbe recordar sus pecados y errores; y se vuelven también **los acatados,** cuyas recomendaciones testamentarias deben ser cumplidas por sus sucesores.

Para la generación revelada, este canto 45 representa un catálogo de actitudes que han de adoptarse como **estilo de vida.**

Nuestro origen espiritual debe entenderse como dicotómico y sincrético, que contiene el doble valor de la espiritualidad de los chamanes originales que decidieron asentarse en Mesoamérica y que tuvieron una actitud de jaguares. Es decir, no hicieron gala ni exhibicionismo de sus conocimientos sino que a ellos se les reconocieron esos conocimientos y se les puso en custodia de los principales desde su edad más temprana para que recibieran ese adiestramiento con la intención de que lo pusieran en uso en el ejercicio del liderazgo cuando les tocara el momento de regir.

Insiste mi Carmencita en recalcar que estos chamanes originales tuvieron una actitud reactiva y nunca proactiva.

- Los conocimientos científicos propios de los chamanes originales (astronomía, esoterismo y predicción, sobre todo) que tenían aplicaciones en la agricultura, la cacería, la pesca y la restauración de la salud, son los que van a sincretizarse junto a los conocimientos traídos desde el oriente de Mesoamérica por estos otros sabios, y van a componer la teología mesoamericana con sus diosas y dioses.

- Nuestro destino futuro es alcanzar aquel **paraíso perdido.** Es decir, volver a adquirir las competencias de aquellos antepasados con la intención de un mayor y mejor desempeño en la agricultura, la ecología y la salud en Mesoamérica.

- Al adquirir las competencias perdidas —por olvido— relacionadas con la observación astronómica, la capacidad de entrar en éxtasis o en trance para conectarnos con el mundo paralelo espiritual y «ver» como un todo el pasado, el presente y el futuro, podremos predecir tanto los acontecimientos naturales como los espirituales.

- Reaprender a relacionar las órbitas de los astros para deducir el comportamiento del clima del planeta y su incidencia en el comportamiento de la flora y la fauna, llevará a la aplicación correcta también en cuanto a anticipar el comportamiento de las enfermedades en los seres humanos.

- Encontrando entonces desde ahora las pautas de conjunción de las órbitas del sol, la luna, el planeta Tierra, Venus, Antares y Sirio, podremos anticipar algunos fenómenos como El Niño y La Niña en tablas periódicas que podemos usar para estos pronósticos, y de esta manera adecuar nuestros procedimientos de producción, uso y disposición de los recursos propios con mayor desempeño en cuanto a un estilo más armónico como raza humana junto con nuestra naturaleza.

- De la misma forma, nuestras capacidades y competencias espirituales —adquiridas en las prácticas del éxtasis y del trance— para entrar y volver a salir del mundo paralelo espiritual, nos van a mejorar el acierto en vaticinar los días más óptimos para las tareas agrarias y de domesticación del ganado, lo mismo que en el acierto en los diagnósticos de salud espiritual que puedan incidir en la salud orgánica de la gente.

- Hasta alcanzar la destreza como predictivos, deberán pasar algunos años de ganar experiencia, pues de lo que se trata es de esa recuperación de las competencias olvidadas.

- Los más tenaces ocuparán la dirección futura de esta generación revelada, para lo cual mi Carmencita **no explica que debamos acudir a los chamanes actuales** para este conocimiento espiritual. Y adrede todo lo deja sin predicción de su parte, sin dar mayores señales de cómo, cuándo y por quiénes se llevará a cabo.

CAPÍTULO 46

Y luego trataron de ir allá al Oriente, tratando de dar cumplimiento a los que sus padres les mandaron que no lo habían olvidado, y ya había mucho tiempo que habían muerto sus padres, cuando casaron y tomaron suegros, y tomaron mujeres, tres; y dijeron cuando se fueron:

¡Vamos al Oriente, de adonde vinieron nuestros padres!

Y tomaron su camino los tres hijos:

GOCAIB se llama el uno, hijo de BALAM-QUITZÉ, de todos los de CAVIQUIB,

GOACUTEC, el otro hijo, de BALAM-ACAB, de los de NI-HAIBAB;

GOHAAN se llamaba el otro hijo, hijo de MAHUCUTAH, de los de AHAN-QUICHÉ.

Y así se llamaban los que fueron allá de la otra parte del mar; tres fueron los que se fueron, y sabían lo que se hacían, y no eran hombres de balde; y se despidieron de todos sus hermanos y parientes y se fueron muy alegres y dijeron:

no moriremos, sino que volveremos, dijeron cuando se fueron los tres, y así mismo pasaron sobre el mar y llegaron allá al Oriente y fueron a recibir su Imperio, y este era el nombre del Señor que dominaba en el Oriente, adonde fueron.

Y llegaron ante el Señor que se llamaba NACXIT, gran Señor, y uno que todo lo juzgaba y era grande su reino:

y este les dió la señal de los grandes Señores, y de los Señores de las casas, y entonces vino la señal de la grandeza y grandes Señores, y acabó de darlo todo NACXIT, los adivinos y forma del reino, y era todo esto:

EL TRONO,

FLAUTA,

CHAM-CHAM (otra flauta), CHALCHIGÜITES,

TZICVIL,

COHTZICVIL,

BALAM-HOLOM,

CABEZA,

PICH-QUECH,

MACUTAX,

TOLTATAM,

QUZ,

BUZ,

CAXCOM,

CHIYON,

AZTAPULUL;

y todo lo trajeron cargado cuando vinieron, *y lo trajeron de la otra parte del mar su escritura y pintura de TU-LANZÚ;*

su escritura dejaron a estos, que es mucho lo que pusieron en sus tradiciones.

Y luego cuando llegaron a su pueblo que se llamaba HA-CABITZ, allí se juntaron todos los de TANUB e YLOCAB y todos los pueblos, y se alegraron de la venida de GOCAIB,

GOACUTEC

y GOHAAN,

y allí otra vez tomaron el Señorío de los pueblos, y se alegraron los de RABINAL, CACCHIQUELES

y los de QUIQUINAHA,

y manifestaron las señales y signos que traían de su reino.

Y fue grande su ser de los pueblos, y no se acababa cuando manifestaron las señales de su Imperio, y estaban allí en HACABITZ, y con ellos todos los que vinieron del Oriente, y fueron a hacer largo camino;

y sobre el monte eran ya muchos todos, y allí se murieron las mujeres de BALAM-QUITZÉ,

BALAM- ACAB

y MAHUCUTAH.

Y cuando vinieron, dejaron aquella su morada y buscaron otra habitación adonde se plantasen, y no eran contables los cerros que habitaron, cuando se multiplicaron, y aumentaron y anduvieron.

Y se amontonaron nuestros primeros padres y madres, dijeron los antiguos, cuando dieron noticia del primer pueblo que despoblaron, que se llamaba CHIQUIX o LAS ESPINAS, y mucho se estuvieron sobre aquel otro pueblo, y allí se multiplicaron, tuvieron hijos e hijas, y allí estaban en muchos cerros que eran cuatro, y solo le pusieron el nombre del uno a su pueblo, y casaron a sus hijos y a sus hijas, y solo las repartían, y solo en agradecimiento tomaban el precio de sus hijas, y era Bueno el ser que tenían;

y luego pasaron de aquellos cerros cada una de las tribus,

y FAC o MUCHOS era el nombre de QUIX el uno,

otro CHICHAT,

otro HUMETAHA

y otro CULBA

y otro RABINAL:

estos eran los nombres de los cerros donde se detuvieron.

Estaban mirando los cerros de su pueblo que buscaban, y eran ya muchos todos, y habían ya muerto los que habían ido a tomar el Imperio al Oriente:

ya viejos vinieron de allí sobre cada uno de los pueblos, y no se hallaron en aquellos montes cuando pasaron, y muchos trabajos pasaron, porque muy lejos hallaron su pueblo, eran abuelos y padres, y este es el nombre del pueblo adonde vinieron.

CHI-YZMACHI es el nombre del cerro, y su pueblo adonde estuvieron y donde se poblaron, y allí probaron su grandeza, y hicieron edificios de cal y canto, la cuarta generación de Reyes y Señores dijo:

CONACHE

y BELEBEB-QUEH,

y también ZALEL-AHAN,

y cuando reinó el rey COTUHA con IZTAYUL,

que así se llamaban, Señores de Trono y Alfombra, reinaron allí end YZMACHI, y lo ilustraron e hicieron buen pueblo, y solo tres Casas Grandes había allí en IZMACHI; que aún todavía no había las veinticuatro Casas Grandes:

solo tres había casas grandes:

Una casa grande de los de CAVIQUIB,

y una casa grande de AHAN-QUICHEI

y solo eran las casas grandes de las dos parcialidades, y estaban allí en YZMACHI todos end uno, sin haber maldad ni cosa difícil, y solo había poz y quietud, sin pleitos ni riñas, sino solo paz había en sus corazones sin envidia, y solo era poca su grandeza, no se habían juntado en poder ni en soberbia, y entonces probaron a poseerlo con el escudo allí en YZMACHI en señal de su reinado, y entonces hicieron la señal de su Imperio y de su grandeza y majestad.

Y viendo esto los de YLOCAB, quisieron venir a matar a COTUHA y se empezó la Guerra por ellos y solo querían un Rey para sí, y al rey YZTAYUL lo quisieron castigar los de YLOCAB con la muerte, y no salío la envidia de ellos contra el rey COTUHA, sino que sobre ellos vino que pensaban matar al rey los de YLOCAB, y así fue el principio de las revueltas y las disenciones de la guerra.

Y entraron y ganaron el primer pueblo, fueron los soldados, y lo que querían era acabar con los QUICHÉES y que ellos solos reinasen, esto deseaban y por esto vinieron a prender y cautivar, y fueron pocos los que se escaparon y libraron.

Y entonces empezaron a sacrificar a los de YLOCAB ante el ídolo, y esta fue la paga de su pecado por el rey CO-TUHA, y muchos fueron los que entraron en esclavitud y servidumbre de los que apresaban, y se fueron a entregar la guerra que contra ellos se juntaba; y fue destruido el pueblo y fue afrentado:

querían los de YLOCAB el Imperio del QUICHÉ,

pero no les sucedió así,

y así fue el principio de ser de los hombres sacrificados ante el ídolo, cuando se hizo la guerra, y allí fue el principio de fortificar el pueblo de YZMACHI,

y allí empezó la grandeza, porque era grande el Imperio del QUICHÉ y de su rey, y por todas partes había Señores poderosos, y no podían desbaratarlos ni quien los entrase, y así mismo hacían la grandeza del reino que se fundó en YZMACHI, y allí empezó a ser tenido el ídolo, y le tenían miedo todos los pueblos chicos y grandes, y vieron que iban esclavos y que los mataron y los sacrificaron por grandeza el rey COTUHA y el rey YZTAYUL,

con los de NIHAIBAB,

y los de AHAN-QUICHÉ,

y solo tres tribus o generaciones estuvieron allí en YZMA-
CHI,

y allí empezaron a establecer las comidas y bebidas para
sus hijos cuando los casaba, y allí se juntaron aquellas tres
grandes casas que se llamaron así por ellos, y allí bebían
sus bebidas, y allí comían sus comidas y bebidas para sus
hijos, que era precio de las cautivas hijas.

Y solo era por holganza de sus corazones cuando comieron
y bebieron en sus grandes casas, y esta era en señal de
agradecimiento y convite, en señal de la propagación y de
sus palabras sobre las mnujeres que tengan hijos o hijas;

y allá fue donde se engrandecieron, y llamaron entre sí los
SIETE CALPULES Y PARCIALIDADES:

nosotros somos compañeros los de CAVIQUIB,

nosotros los de NIHAIBAB,

y nosotros los de AHANQUICHÉ,

esto dijeron los TRES CALPULES,

Y LOS TRES DE LAS CASAS GRANDES,

y estuvieron mucho tiempo allí en YZMACHI, y habiendo
hallado otro pueblo, dejaron el de YZMACHI.

CUADRAGÉSIMA SEXTA REVELACIÓN

La revelación 46 nos provee de una interpretación histórica que ha estado envuelta en esta recitación 46 del POPOL VUH, y que habla de una marcha de portadores de las sabidurías preservadas por los chamanes ancianos junto con las sabidurías de los sabios jóvenes.

Es la ruta civilizadora que semeja a un enorme número ocho en el mapa de Mesoamérica.

Marca el inicio de la ruta la cultura maya saliendo del actual perímetro de El Salvador, Honduras y Guatemala con rumbo a la península de Campeche. Esta ruta subió por la costa del Atlántico hasta el norte y noreste del actual término de Veracruz.

La marcha cultural dio un giro desde el desierto de California y bajó al valle de México, donde llegó desde el norte. Luego marchó nuevamente de regreso a la península de Campeche y culminó la marcha en la disposición final en el mismo terreno donde comenzó.

Para facilitar nuestra comprensión ya en el siglo 21, se nos revela que algunos episodios en estos asentamientos habrían durado mil años cada uno.

Históricamente retorna al punto de partida abarcando cuatro mil años de encuentros y trasiegues culturales.

La recitación de memoria de este POPOL VUH ha preservado hasta nuestra época toda esta historia para nosotros y nuestras generaciones después de nosotros.

La importancia para la generación revelada se puede concebir ya en el ejercicio espiritual de aquí en adelante a manera de una guía perpetua para la formación y desarrollo espiritual de toda persona que lea este documento.

Mi Carmencita nos aclara que no se trata de una forma religiosa debido a que carece de estructura administrativa, y niega toda jerarquía chamanística derivada del POPOL VUH.

Es una guía, una pista, una orientación y nada más, pero nada menos.

La generación revelada debe adherirse a alguna religión y florecer dentro de ella incorporando este marco místico y esotérico en ella, para una vida más enriquecida espiritualmente.

El lector de estas revelaciones queda empoderado espiritualmente por la revelación misma.

Este paso desde la inconsciencia hasta la conciencia **no** es vinculante de ninguna manera, y mi Carmencita me ordenó insistirles en que un rechazo de su aceptación no trae consecuencias negativas ni castigos.

La yuxtaposición nos sirve de formato para aclarar algunas explicaciones del sincretismo espiritual que mezcló las creencias mayas con las creencias cristianas.

El imaginario maya conocía la figura, obra y sentido del Señor HURACÁN desde muchos siglos antes de la llegada de los europeos, quienes vinieron trayendo una figura del Señor Jesucristo, bastante similar.

De manera automática hubo una relación cognoscitiva de ambas figuras debido a las características análogas de ambos señores.

a. El origen anunciado de su aparecimiento, la elección de una vida entre los seres humanos (dioses se hacen hombres por amor a los hombres),

b. una serie de curaciones milagrosas, y

c. una despedida que en ambos casos prometen un regreso.

Todas son coincidencias que hicieron fácil aparentar la asimilación cristiana, aunque conservando la conciencia gregaria maya.

El signo de la cruz es un gran ejemplo que nos recuerda mi Carmencita.

Las religiones de contenido maya conocían la Cruz del Sur en el cielo tropical, y la explicación de un mundo (vida) enmarcado en cuatro rumbos se hacía reconocible en la forma de una tabla limitada por cuatro puntos. Allí donde se unían estas líneas era donde se formaba una cruz.

En la danza de los voladores en el palo alto, se construye en lo alto una plataforma cuadrada (cuatro rumbos de la vida, de la tierra simbolizando el mundo, la existencia rodeada de estos cuatro puntos cardinales). Los danzantes se lanzan al vacío amarrados de los pies y con la cabeza para abajo, desatando un nudo de 365 vueltas hasta alcanzar el suelo.

En distintos diseños textiles, sobre todo en las elaboraciones del telar de cintura —para cinturones, fajas y adornos—, hemos de encontrar la cruz en diversas aplicaciones.

En consecuencia, celebrar la primavera con el rito del Señor Desollado (chipec totet) y la fiesta cristiana del Día de la Santa Cruz de Roma (3 de mayo), nos revela este sincretismo religioso que aparenta aceptar el culto al Señor Jesucristo, pero que mantiene su lealtad con el Señor Desollado.

La serpiente muda su piel, y su referente vegetal maya es el palo de jiote, porque también «bota la piel como la serpiente».

Con la mayor tranquilidad de conciencia, los descendientes mayas pusieron una cruz de palo de jiote orientada al oriente en sus jardines y plazas y adoraron con ofrendas de frutas, señalando el final de la sequía tropical y el comienzo de un nuevo período de fertilidad.

Este ejemplo nos sirve para entender **la vida revelada** para nosotros desde ahora en adelante.

Ya no se trata «de lo maya y lo no maya», sino que ahora se trata de entrar a vivir una vida espiritual a la par de la vida orgánica, de manera consciente.

Será la habilidad y destreza de cada quien, en su competencia para alcanzar a desdoblarse de la vida orgánica y para entrar a la vida paralela espiritual, lo que determinará la función individual, desde ahora, para cada persona.

Llegar a un estado de éxtasis por medio de la oración o meditación profunda es una inversión —de tiempo, sobre todo—: comenzando con quince minutos de oraciones, se aumentarán cinco minutos más hasta que se absuelvan nuevas sesiones de oraciones de hasta cuatro horas por lo menos.

La cacofonía tiene dos funciones:

a. la oxigenación superior a lo normal   (hiperventilación), y

b. el hipnotismo sugestivo causado por la repetición de tonos que adormecen el sentido de percepción del espacio y del tiempo.

En algún momento se alcanzará el éxtasis.

El éxtasis por medio de la meditación profunda es mucho más exigente para el intelecto, ya que se trata de negarse a sí mismo.

Ejemplo de un ejercicio inicial:

La Creación supone la preexistencia de un creador.

Podemos meditar alrededor del momento más inicial por medio de una valoración regresiva, como buscando el instante cero de la Creación.

De esta manera hemos de meditar sobre la estructura, formato y diseño de la Creación para descubrir sus objetivos y, desde allí, lo que supone eso para cada uno de nosotros en lo individual.

El profundizar en este ejercicio (partiendo de quince minutos iniciales y cinco minutos adicionales a la vez, hasta completar uno a dos días de meditación continua), alguna vez se llegará a la confrontación de la preexistencia del Creador.

¿Quién y cómo se creó el Creador?

La profundización meditativa y regresiva llevará al éxtasis.

Tengo órdenes precisas de advertir que el estado de éxtasis **no** necesita de chamán, aunque es aconsejable su apoyo y dirección, sobre todo en las técnicas de respiración.

De manera drástica y tajante tengo ordenado prevenirles que el estado de letargo está reservado al chamanismo. El peligro es muy alto como para experimentar con drogas alucinógenas, y se nos prohíbe hacerlo a menos que seamos elegidos y llamados a pertenecer a una escuela de chamanes.

La recitación 46 del POPOL VUH cuenta una peripecia histórica que contiene choques culturales en su desarrollo.

Conservar la fuente del conocimiento maya ha sido una lucha y sacrificio de los chamanes en todo este recorrido, por medio de esas transformaciones de costumbres al pasar de un territorio al otro y con el transcurrir de esos cuatro mil años.

Las prácticas espirituales son la explicación de aquella permanencia trascendente del tiempo y el espacio.

Esta es la esencia de esta revelación 46 para nuestro futuro.

Las revelaciones y recitaciones que siguen ya pertenecen a la antesala de nuestra **generación revelada.**

CAPÍTULO 47

Y luego se vinieron de allí a CUMARCAAD, que así se llamó por los QUICHÉES, y entonces vinieron allí los Señores COTUHA y CUCUMATZ y todos los Señores, ya la quinta generación de hombres desde la Creación y desde que fueron criados, y allí hicieron sus casas, y allí también hicieron la casa del ídolo.

En medio de lo alto del pueblo la pusieron cuando allí se fundaron, y luego se engrandeció otra vez su monarquía.

Y ya eran muchos, y entonces dispusieron juntos todos el dividirse, porque ya habían empezado contiendas sobre el envidiarse entre sí, sobre el precio de sus hijas que daban, y porque no daban las bebidas a ellos;

y este fue el origen de la división y de armarse y tirar las calaveras de los muertos.

Y entonces se repartieron las nueve familias o calpules, y habiendo pleiteado sobre las hermanas e hijas, dispusieron: establecer el Imperio en veinte y cuatro grandes casas, y así fue hecho, y antiguamente fue en este pueblo, cuando se ajustaron a veinte y cuatro Casas allí en el pueblo de CUMARCAAH y fue bendecido por el Señor Obispo Don Francisco Marroquín, y allí se engrandecieron, y allí se juntaron sus Tronos y Asientos, y se dividieron cada uno en su Grandeza, cada uno de los Señores, y cada uno de los nueve Calpules tomó para sí cada uno de los nueve Señores, y nueve CHINAMITALES tomaron para sí los Señores de CAVIQUIB;

Francisco Marroquín fue el primer Obispo de la Antigua Guatemala o Santiago de los Caballeros; dignidad que aceptó solamente después de repetidas súplicas de la parte del Adelantado Pedro de Alvarado, cerca del año 1530.

nueve los de NIHAIBAB;

cuatro los de AHAN- QUICHÉ;

y dos los de ZAQUIQUIB;

y se multiplicaron mucho, y eran muchos los que tocaban a cada uno de los Señores, y cada uno era el primero y caudillo de aquellos sus vasallos, y eran muchos los CHINAMITALES de cada uno de los Señores.

Y ahora diremos el nombre de cada uno de por sí, y de cada una de las grandes casas.

Y estos son los nombres de los Señores de CAVIQUIB; y el primero de los Señores era: AHPOP-AHPOP-CAMDA,

2.- AHTOHIL,

3.- AHCUCUMATZ,

4.- NIMCHOCOH-CANEC,

5.-POPOLVINAC,

6.- CHITUY-LOLMET,

7.- QUEHNAYI,

8.- POPOLVINAC-PUHOM-TZALATZ,

9.- VCHUCH-CAMHA.

Y estos eran los Señores ante los de CAVIQUIB, nueve Señores, en orden de sus grandes casas de cada uno y después se mencionan otra vez.

Y estos son los Señores de los de NIHAIBAB:

El primero AHANZALEL,

2.- AHAN-AHTZIC-VINAC,

3.- CALECAMBA,

4.- VCHUCH-CAMHA,

5.- NIMCHOCOH-NIHAIB,

6.- AHAN-AVILIX,

7.- YACOLATAM,

8.- VTZAM-POPO-ZACLATOL y,

9.- NIMA-LOLMET y COLTUX, nueve Señores ante los de NAHAIBAB,

y de los de AHAN- QUICHÉ estos son los nombres de los Señores:

AHTZIC- VINAC,

2.- AHAN- LOLMET,

3.- AHAN- NIMCHOCOH,

4.- AHAN- HACAVITZ;

Estos son los cuatro Señores, ante los de AHAN- QUICHÉ.

Y dos eran los CHINAMITALES DE ZAQUIBIB,

1.- EL Señor TZUTUHA,

2.- ZALEL-ZAQUIC;

Y solo tenían una casa grande de los dos Señores.

Y así se ajustaron los veinticuatro Señores y las veinticuatro casas grandes cuando se engrandeció la gloria en El QUICHÉ, y se ensalzó la grandeza del peso QUICHÉ,

y cuando de cal y canto se fabricó el pueblo,

vinieron todos los pueblos grandes y chicos que estaban a
cargo de los Señores;

Desgraciadamente el padre Ximénes no nos da en ningún lugar una descripción detallada de una tal

«CASA DEL ÍDOLO».

Podrá ser también que la palabra «CASA» no significa más
que el lugar donde se hallaba el ídolo, como la existencia de
un templo especial no es muy probable.

Y se ensalzó la gloria del QUICHÉ cuando se hizo la casa
del ídolo y las casas de los Señores, y no fueron estos los
que las hicieron, ni trabajaron, ni hicieron sus casas, ni
estos hicieron la casa del ídolo,

 y por tanto se multiplicaron los vasallos, y no por engaños, ni hurtos, ni rapiñas, porque de verdad eran de los
Señores cada uno, y fueron muchos los parientes que se
juntaron y amontonaron a oír lo que cada uno de los Señores mandaba.

Y eran muy amados y estimados todos los Señores, y eran
tenidos en grande estima y veneración por todos los vasallos cuando se multiplicaron los del pueblo;

y así a poco más o menos se vinieron a dar todos los pueblos y los enemigos;

ni fueron ganados los pueblos en batalla, sino por los milagros de los Señores se ensalzaron.

Y el rey COTUHA y CUCUMATZ era portentoso:

siete días se subía al cielo, y siete días se iba al infierno, y siete días se convertía en culebra, que ciertamente parecía culebra, y siete días se convertía en águila, y otros siete días se convertía en tigre, que ciertamente era águila y tigre, y otros siete días se convertía en sangre cuajada, que solo era sangre, y ciertamente era portentoso rey, y milagroso en su ser, y era espanto ante todos los Señores.

Y se esparció esta noticia, y los oyeron todos los Señores y los pueblos los portentos del rey, y este fue el principio de la Grandeza del QUICHÉ, cuando hizo el Rey CUCUMATZ las señales de su grandeza, y no faltó descendencia suya de hijos y nietos, y no hizo esto porque hubiese un rey milagroso, sino para sujetar los pueblos, y para darse a conocer que él era sólo la cabeza de todos los pueblos.

Y fue la cuarta generación de reyes, este rey CUCUMATZ, y fue también Señor de petate y casa, esto es:

DE TRONO,

y dejó descendencia;

y entonces fue ensalzado cuanto tuvo hijos, e hico muchas cosas y fue engendrado el TEPEPUL-ZTAYUL, y fue el quinto;

y reinó en la quinta generación, y así mismo tuvieron hijos cada una de las líneas de los Señores.

CUADRAGÉSIMA SÉPTIMA REVELACIÓN

Mi Carmencita comienza con trasladarnos el significado profundo de este capítulo 47 en donde origina la revelación más importante para nuestra generación revelada.

Me ordenó ser enfático y firme al revelarles este significado, por la trascendencia e importancia para nuestro futuro.

En primer lugar, nos pide abandonar todo esfuerzo que tenga como propósito el de fundar una religión basada en todas las revelaciones que ella nos ha transferido voluntaria y gratuitamente.

En vez de aspirar a un culto lleno de nuevos sacramentos (símbolos), ella nos manda a guardar la religión que ya tengamos asignada.

Y nos pide más:

Que profundicemos en esa religión con la cual hemos llegado hasta toparnos con estas revelaciones.

Ella nos manda a que nos aseguremos en cuanto a ser fieles seguidores de la religión que tengamos para que fructifiquen estas revelaciones dentro de esas prácticas ceremoniales.

Se basa mi Carmencita en el formato que usaron estas casas que sufrieron el choque cultural con lo europeo.

Nos revela las intenciones del maya al forzar aquel sincretismo religioso y cultural.

Se trató, entonces, de una estrategia de protección y de supervivencia de la cultura maya al cubrirla con un manto de aparente sumisión y aceptación de lo europeo.

La mejor forma de ocultar la verdadera cultura y espiritualidad de los primeros ancianos sabios que se detuvieron en el actual territorio de El Salvador y parte de Honduras y de Guatemala, fue cubrir nuestra cultura y nuestra espiritualidad maya —venida a nosotros por medio de aquellas personas desde la frontera montañosa del Himalaya— con unas muestras superpuestas de cultura y espiritualidad europeas.

Lo maya cubierto por una capa europea.

El mejor escondite era el que estaba a la vista, aunque perceptible solamente para los **ilustrados** (revelados de entonces) desde aquellos tiempos y hasta nuestros días.

El ejemplo de nuestra veneración y saludo a la vida renovada que se da en la primavera, nos ofrece el mejor símil para entender esta revelación 47.

El original mito del cambio de pellejo de la serpiente se tradujo en la tradición guerrera de desollar (despellejar) al enemigo vencido en batalla, y ponerse encima del propio cuerpo aquel pellejo desollado del cuerpo del enemigo vencido.

No era aquel un acto de odio sino un acto de amor, de reconocimiento del valor y de las virtudes guerreras de aquel enemigo vencido en batalla.

La espiritualidad maya aceptaba que por un efecto de ósmosis, aquel valor y aquellas virtudes del enemigo vencido y despellejado se trasladaban al vencedor con tan solo colocarse este pellejo del vencido encima de su propio cuerpo.

El sacramento ceremonial se transfería al culto del Señor Desollado, XIPE TÓTEC, representado en figurillas de barro que muestran un guerrero vencedor portando el pellejo de su enemigo vencido.

Nótese que la primavera marca el cambio de clima que da el resultado final de medio año de sequía, y anuncia otro nuevo medio año de lluvias.

Ahora pasamos a ver el referente vegetal: se trata del palo de jiote, el cual asemeja el cambio de pellejo de la serpiente.

El sincretismo religioso consiste en celebrar una adoración de frutas colocadas al pie de una cruz hecha a base de ese palo de jiote y que en signo cristiano se celebra el 3 de mayo, que es coincidente con la primera luna nueva que marca el final de la sequía, y la llegada de las lluvias que vienen a fecundar la vegetación.

Adorando esta cruz de palo de jiote estamos adorando al Señor Desollado:

XIPE-TÓTEC =

LA SERPIENTE DESOLLADA =

LA PRIMAVERA

Entendiendo este ejemplo con esta revelación 47, ahora podemos proyectar este sincretismo religioso en la fundación de aquellas nuevas casas reales de los feudos maya en convivencia con los europeos.

De este ejercicio de proyección cultural hemos de sacar la conclusión de que:

Hacia el futuro, nos toca ser guardianes de estas revelaciones relacionadas con el significado del POPOL VUH; desde ahora en adelante, por virtud de la revelación que nos ha regalado mi Carmencita.

CAPÍTULO 48

Y aquí se habla de la sexta generación que tuvo dos grandes Señores:

el uno se llamaba ZACQUICAB

y el otro CAVIZIMAH,

y hicieron muchas cosas el ZACQUICAB y el CAVIZIMAH; y esta otra vez engrandeció el QUICHÉ, porque de verdad era portentoso;

y este fue el que dividió y repartió los pueblos chicos y grandes, y los pasó a poca distancia, y esto fue antiguamente cuando eran suyos LOS CACHIQUELES, LOS DE CHUILA,

LOS DE RABINAL,

LOS DE TZACUALPA,

LOS DE COAQUEB,

LOS DE ZACABAHA,

LOS DE ZACNLEBAB,

LOS DE TUTUNICAPA,

LOS DE QUEZALTENANGO,

LOS DE GUATEMALA,

LOS DE MOMOSTENANGO,

y estos dejaron ZACQUICAB,

y hicieron y fueron guerra y fueron vencidos. Y esparcidos los pueblos de RABINAL,

DE LOS CACHIQUELES,

de ZACULEBAB, y fueron vencidos todos los pueblos.

Y llegaron muy lejos los soldados DE ZACQUICAB, y una o dos parcialidades que no traían el tributo, fueron sojuzgadas, cobró los tributos, y los trajeron ante el ZACQUICAB y CAVIZIMAH, y fueron puestos en esclavitud y estrechura, y flechados, y no tenían ya poder, y así estuvieron esparcidos sobre la tierra, así como el rayo queda en la piedra que la quiebra y desaparece.

Y era espanto que luego destruía a los pueblos y ante COLCHÉ está la señal del pueblo, y ahora está un cerro de piedra que casi está destrozado, como si fuera con hacha, y está allá en la costa, que se llama PETAYUB, y ahora está patente, a todos los que por allí pasan y lo ven, en señal de la fortaleza QUICAB, y no lo pudieron matar ni vencer porque era valiente, y le tributaron todos los pueblos;

y entonces dispusieron todos los Señores el amurallar el pueblo, habiendo venido todos los pueblos a ello.

Y luego salieron a las fronteras vigías que cuidasen de la guerra, y fundaron en los cerros semejanza de pueblos, por si acaso vuelven otra vez al pueblo, dijeron, cuando consultaron todos los Señores,

y salieron a ponerlos en parajes que les fuese como muralla y defensa, dijeron todos los Señores, y luego salieron a poner cada una de las parcialidades defensores contra los enemigos, y entonces les avisaron cuando fueron a ponerlos en los parajes que habían de habitar de sus montañas:

No tengáis miedo, si otra vez vienen los enemigos contra vosotros, que os quieren matar, a toda prisa venidlo a decir, y los iremos a matar, les dijo QUICAB a los soldados y capitanes,

y entonces fueron todos los hombres de guerra flecheros y arqueros, y entonces se esparcieron los padres y abuelos de los QUICHÉES, que están en cada uno de los cerros, que fueron a ser guardas de los montes y de los arcos y flechas y vigías de la guerra, y ninguno era extraño, ni tenía diferente ídolo. Sino que era muralla y defensa del pueblo.

Y entonces salieron todos los de CHUILA,

DE ZAQUIA,

DE XABBAQUIEH,

DE CHITEMAH,

ALEZYOCHO,

Con los de CABRACÁN,

CHAVICAC,

CHINUN-AHPU,

Con los de ZACUALPA,

DE XOYABAB,

Y DE ZACABAHA,

Y los de AHZIYABAH,

Y los de TUTUNICAPA,

LOS DE QUEZALTENANGO,

Y los de la costa salieron a cuidar de la guerra, y a guardar
la tierra.

Entonces los envió el QUIBAB,

CAVIZIMAH,

y EL AHPOP- CAMBA,

ZALEL,

AHTZIC-VINAC,

estos eran cuatro Señores, fueron enviados y velaron la
guerra de QUIBAB y CAVIZIMAH, que así se llamaban el
Rey de los de CAVIQUIB;

y otros dos que uno se llamaba QUEMA, de los de CAVIQUIB;

y otro que se llamaba ACHACYBOY de los de AHAN-QUI-
CHÉ.

Pedro de Alvarado, en una carta a Fernando Cortés, da una descripción tan atractiva de las armaduras de los indios del QUICHÉ que, como suplemento a la relación más arriba, debe encontrar su lugar:

«Sus armas eran unos corseletes de tres dedos de algodón hasta los pies, i flechas i lanzas largas, venían tan armados que el que caió en el suelo no se podía levantar, verla de lejos era para espantar, porque tenían todos los mas lanzas de treinta palmas, todas enarboladas».

Relación de Pedro de Alvarado a Hernán Cortés con fecha de Santiago de Guatemala, 28 de junio 1524.

Y estos eran los nombres de los Señores, de los que enviaron, y luego se fueron los vasallos a las montañas en cada uno de los cerros, y se fueron los capitanes y trajeron cautivos y esclavos ante el QUIBAB y CAVIZIMAH, y de los principales y caudillos, e hicieron sobre la guerra arcos y flechas, y apresaron y cautivaron, y se hicieron valientes guerreros, los que habían puesto en los parajes, y se multiplicaron y aumentaron los premios por los Señores cuando venían a entregar los que habían apresado y cautivado.

Y luego juntaron su consejo los Señores y Principales, y dispusieron en su consejo y dijeron;

Serán Principales todos los capitanes de los CHINAMITA-
LES, serán Señores de trono y asiento.

Esto dispusieron los Principales cuando juntaron su consejo, y así mismo hicieron los de TANUB e YLOBAC, a una
todos,

los tres CALPULES DEL QUICHÉ;

cuando nombraron los capitanes de los vasallos y así fue.

Y no fueron nombrados aquí en EL QUICHÉ;

tiene su nombre el cerro donde fueron nombrados los capitanes de los vasallos, y fueron enviados todos cada uno a
su cerro, y se juntaron en uno.

XEBALAX-XECAMAX se llamaba el cerro donde fueron
nombrados y se les dio el cargo allá en CHULIMÁN, y esta
fue la celebración de su elección y nombramiento de los
veinte Capitanes de asiento y casa de los Señores y Principales.

Y se les dio el cargo a todos los Capitanes de ONCE GRAN-
DES CONVITES;

y fueron llamados:

ZALEL-AHAN.

ZALEL-ZAQUIC,

ZALEL-ACHICH,

RAHPOP-ACHICH.

VITZAM-ACHICH;

Así se nombraron los capitanes que entraron y celebraron sobre sus tronos y asientos por capitanes de sus vasallos los QUICHÉES, que los mirasen, que se los oyesen con sus arcos y flechas, para que cerrasen y hiciesen muralla y valla al QUICHÉ.

Y así mismo lo hizo el TANUB e YLOBAC:

nombraron los capitanes de sus vasallos, para que estuviesen en cada uno de los cerros, y este fue el principio de ser plantados los Señores, y tener su cargo en cada uno de los cerros, y así fue su salida cuando salieron los Señores, que de estos Principales salieron.

CUADRAGÉSIMA OCTAVA REVELACIÓN

Nos manda entender este capítulo 48, mi Carmencita, en sus tres dimensiones:

1.- La dimensión histórica que relata la instauración de las casas reales mayas que se encargarían de la cohabitación con los europeos, guardando el secreto de estas interpretaciones del POPOL VUH hasta que llegara el tiempo de la generación revelada, es decir, esta generación nuestra, la que recibe la ilustración gratuita por gracia de mi Carmencita.

2.- El principio de la legitimación —desde el lado maya— como mandato compulsivo a las casas reales mayas para cohabitar con el europeo y ocultarle el secreto de estas interpretaciones imperativas sobre el POPOL VUH.

3.- La propuesta de organización que nos presenta mi Carmencita como generación revelada, pudiendo comenzar esta organización con quienes se sientan inspirados por consolidar desde este siglo 21 estas revelaciones para «una vida mejor hacia el futuro».

Nos recomienda mi Carmencita reflexionar con profundidad sobre el significado de aquella **integración cultural** con aquel europeo, buscando esconderle los secretos de la ciencia maya tanto en la materia de la observación de la astronomía y sus aplicaciones prácticas en la agricultura; así como en la materia de la salud espiritual en el tratamiento clínico de patologías del organismo; como en la articulación de estos elementos por medio de la función de las ceremonias —que se continuaron llevando a cabo, aunque en secreto—.

La matanza de 1932 en El Salvador obligó al Consejo de Principales a defenderse pasivamente por medio de tres acciones que están contenidas en este relato del POPOL VUH:

1.- Reducir el uso público de la lengua indígena con la intención de calmar la persecución de la sociedad indígena por parte de los agentes estatales que confundían los términos

agricultor,

indígena,

comunista.

2.- Adoptar hasta tres identidades entre los varones indígenas para evitar el secuestro por medio de las levas de reclutamiento militar forzado:

- un nombre corresponde **al nahual** que los padres convienen en secreto adjudicable,

- otro nombre corresponde a **un segundo nahual** otorgado por lo general por el chamán que atiende a la familia, y

- un tercer nombre se le adjudica ya castellanizado y según el calendario y el santoral católico.

3.- Celebrar las ceremonias y la atención de enfermos bajo el secreto más rígido y con la intención de mantener las líneas de principalidad dentro de las casas (tribus), lo mismo que las escuelas secretas de chamanes.

El mandato hacia el futuro es que la generación revelada pueda organizarse copiando el número y los nombres contenidos en este capítulo 48.

La premisas que se nos dan son las siguientes:

1.- Los asuntos chamanísticos se arreglarán de manera separada de los asuntos económicos y sociales, y los chamanes desde ahora únicamente van a tener fueros para:

a. Legitimar a los principales de la generación revelada.

b. Atender los casos patológicos, reparando el trauma espiritual que afecta el organismo entrando en la vida espiritual por medio del éxtasis o del trance.

2.- Los asuntos económicos requieren de una visión maya que se basa en la creación de una fortuna familiar.

La facilitación y la promoción de este ideal económico maya debe definir y caracterizar toda actuación de liderazgo social, empresarial o político de todo miembro de la generación revelada.

3.- Los asuntos sociales se caracterizan —dentro de la visión social maya— por encontrar la felicidad por medio de hacer felices a los demás. Este es el ideal social maya heredado por la **generación revelada.**

4.- Los asuntos empresariales se caracterizan en la visión empresarial maya de que la solución de problemas reales es la razón de ser de la empresa administrada bajo el ideal empresarial maya. Los servicios o productos que se ofrezcan deberán orientarse a la solución de problemas de la clientela, ya sean problemas reales o problemas «sentidos»).

5.- Y los asuntos de dirigencia política (representatividad hacia afuera de la generación revelada) se definen dentro de la filosofía maya de la generación revelada bajo las premisas de que

a. la dignidad de cada persona debe sumarse hasta crear la **dignidad colectiva nacional,**

b. lo que desfavorezca y recorte o impida la dignidad del individuo se considera una afrenta de cara a la filosofía maya.

CAPÍTULO 49

Y ahora diremos otra vez el nombre de la Casa del Ídolo, que así mismo se llamó SU CASA DEL NOMBRE DEL ÍDOLO, EL GRANDE EDIFICIO DE TOHIL, fue el nombre del edificio de su casa.

TOHIL de los de CAVIQUIB-AVILIX,fue el nombre del edificio;

CASA DE AVILIX, de los de NIHAIBAB Y HACABITZ fue el nombre del edificio de LA CASA DEL ÍDOLO de los de AHAN- QUICHÉ.

TZUTUHA QUE SE VE EN CAHBAHA,

fue el nombre de otro edificio, donde estuvo la piedra, que adoraron todos los Señores y todos los pueblos;

y primero era llevada la ofrenda y luego otra vez se iban a dar sus tributos al Rey, y a este Señor lo sustentaban y alimentaban los Principales que ganaron los pueblos.

Y eran grandes Señores y adivinos y navales

el rey CUTUMATZ

y COTUHA,

y también navales al QUICAB

y el CAVIZIMAH y sabían si había guerra y les estaba patente, y todo lo veían:

o si había mortalidad o hambre o pleito, y todo lo sabían, y había donde todo lo veían, un libro de todo que llamaban ellos:

LIBRO DEL COMÚN.

Y no eran así nomás los Señores, que era cosa grande su ser, y eran grandes sus ayunos y con esto compraban el edificio y el reino.

Y eran largos los ayunos, y se quebrantaban ante el ídolo.

Y así era el ayuno de ellos:

nueve personas u hombres ayunaban,

y nueve estaban en oración postrados,

y quemaban COPAL,

y trece hombres ayunaban

y otros trece estaban en oración,

y quemaban COPAL ante el ídolo TOHIL,

y solo zapotes, matasanos y jocotes era lo que comían, y no comían tortillas.

Fuesen diez y siete los hombres que estaban orando.

O diez y siete los que ayunaban:

no comían, y de verdad era grande el ayuno que guardaban, y esto era en señal del mando de los Señores;

ni tampoco dormían con mujeres, sino que solos ellos se estaban en continencia, y ayunando en la casa del ídolo estaban todos los días, y solo se estaban en oración, postrados, quemando el COPAL.

En esto entendían y allí se estaban de noche y de día llorando, y pidiendo la claridad y vida de sus vasallos y también su reino, y levantaban las caras al cielo;

y estas eran sus peticiones que pedían ante el ídolo, y este el llanto de sus corazones:

Oh tú, hermosura de su día,

tú HURACÁN,

tú CORAZÓN DEL CIELO Y DE LA TIERRA,

tú DADOR DE NUESTRA GLORIA,

y tú también DADOR DE NUESTROS HIJOS E HIJAS,

*mueve y vuelve hacia acá tu gloria, y dad que vivan y
así se crían mis hijos e hijas, y que se multipliquen y aumenten tus sustentados y alimentados, y los que te invoquen en el camino, en los ríos y en las barrancas, debajo
de los árboles y mecates, y dadles sus hijos e hijas, y que
no encuentren alguna desgracia e infortunio, y no sean
engañados, no tropiecen ni caigan, ni forniquen y sean
juzgados en tribunal alguno;*

no caigan en el lado alto o bajo del camino;

ni haya algún golpe en su presencia.

Ponedlos en buen camino y hermoso;

no tengan infortunio ni desgracia de tus cabellos,

*¡ojalá! sean buenas sus costumbres de tus sustentados y
alimentados en tu presencia.*

¡TÚ CORAZÓN DEL CIELO,

TÚ CORAZÓN DE LA TIERRA,

TÚ ENVOLTORIO DE GLORIA, VIENTRE DE LA TIERRA

Y CUATRO ESQUINAS,

SOLO HAYA PAZ EN TU PRESENCIA, TÚ, ÍDOLO!

Así decían los Señores cuando ayunaban nueve, trece, y
diez y siete hombres que ayunaban llorando sus corazones los días sobre sus vasallos y también sobre sus mujeres y sus hijos, cuando hicieron su oficio cada uno de

los Señores, y este era el precio con que se compraba la claridad y la cida, y con que se compraba el Señorío que era el mando de los Principales y Señores.

Y de dos en dos lloraban, y se remudaban a llevar a sus hombres el pueblo con todos los QUICHÉES, y uno fue el principio de sus tradiciones, y el principio de los alimentados y sustentados, y así mismo hacían los del TANUB e YLOCAB con los de RABINAL

y los de CACHIQUELES,

y los de QUIQUINAHA

y de TUHALA

y VCHABAHA.

Y uno era el estilo de todos en el QUICHÉ, y así nomás reinaron, y no se envidiaron los dones de su alimentador y sustentador, y solo trataban de comer y beber, y no en balde los sujetaron y arrebataron el Imperio y su gloria y grandeza, y así nomás fueron sojuzgados los pueblos chicos y grandes:

dieron mucho precio, trajeron piedras preciosas y plata, chalchigüites y plumas verdes, y estaba ya asentado el tributo de todos los pueblos, y vinieron a la presencia de los portentosos reyes CUCUNATZ y COTUHA y a la presencia de QUICAB y CAVIZIMAH, grandes Señores de trono y casa, y grandes y altos hombres;

no fue poco lo que hicieron;

y no fueron pocos los pueblos que ganaron.

Muchos órdenes de pueblos vinieron a tributar al QUI-
CHÉ, y fueron muy sentidas sus muertes y fue ensalzado
por ellos, y no así nomás se levantó su grandeza.

Este CUCUMATZ fue el principio de la grandeza del reino,
y así fue el principio de ser engrandecido el QUICHÉ;

y ahora contaremos las generaciones de los Señores y sus
nombres, todos diremos ahora otra vez.

CUADRAGÉSIMA NOVENA REVELACIÓN

La revelación de esta penúltima parte del POPOL VUH que nos regala mi Carmencita se refiere a la espiritualidad maya que se formó para resguardar del europeo todos los misterios del origen de nuestros conocimientos desde la llegada de los primeros chamanes originales, quienes decidieron quedarse en nuestro territorio.

El ídolo tenemos que entenderlo como el conjunto de conocimientos espirituales que se encuentran en ese plano paralelo a nuestra vida orgánica.

Entrar por éxtasis o por trance nos ha de permitir la navegación hacia el pasado o hacia el futuro, incluyendo entrar, por supuesto, en el presente.

Si cada planta o animal que transpira y respira va dejando su huella espiritual a su paso o con el transcurrir de su existencia material, esa huella es indisoluble queda permanente en ese plano espiritual.

Por eso quien entra en estado de trance o de éxtasis adquiere esa competencia de ver estas huellas espirituales.

Normalmente nuestra escala cromática no nos permite ver el espectro infrarrojo ni tampoco el ultravioleta, que es la condición mínima para desentrañar esas huellas espirituales.

El paciente igualmente está produciendo energía espiritual en el momento de la sesión, y ha producido antes sus huellas espirituales en el pasado.

Por eso, ya sea en trance o en éxtasis, vamos a poder visualizar desde el actual estado espiritual de la persona que se está atendiendo por enfermedad orgánica hasta las huellas espirituales del pasado; y los más avanzados, incluso podrán captar las huellas espirituales del futuro.

Todas estas competencias son adquiribles por medio de la oportuna guía y supervisión de un chamán formado en estas escuelas mayas que funcionan en secreto en todo el triángulo del norte en Mesoamérica; y que practican según las costumbres de los chamanes originales que se estacionaron cuando hubo la gran huida desde el Himalaya hacia América durante la última helada global.

Hay que tomar en cuenta que cada sesión en trance o en éxtasis cuesta energías propias, las mismas que se necesitan reponer, aunque el estado de postración posterior a veces puede acarrear daños irreversibles en el sanador.

Este **costo espiritual** tan solo para un diagnóstico no se compara con la inversión en energías propias que demandan los tratamientos que se le aplican a los pacientes.

Esto explica la escenografía mágica que rodea el tratamiento a fin de que el paciente no tenga que ejercitarse espiritualmente por medio del estado de trance o de éxtasis —que se reserva a los chamanes— y que no son ejercicios para los pacientes.

El canto, la danza y las oraciones ceremoniales sirven para que el ambiente ayude a crear en el paciente el ánimo positivo que va a desatar energías espirituales propias de él.

Las medicinas para reparar el organismo, entonces, son parte de esta escenografía.

EL LIBRO DEL COMÚN =

el ídolo aludido en este capítulo 49.

Por estas razones me ordenó mi Carmencita revelarles a ustedes la interpretación de **la Oración de los Nuevos Sabios** que se mencionan como **principales,** que piden:

- la claridad = el conocimiento de los ancianos;
- la vida de sus vasallos y también su reino = la felicidad en dignidad para las personas de su entorno y en el resto del mundo.

Aquí se menciona que estas peticiones se llevan a cabo en medio de sollozos, y debemos entender tales sollozos como el estado de éxtasis o de trance.

Primera parte de la Oración de la Nuevos Sabios

OH, TÚ HERMOSA DE SU DÍA: se refiere a la Creación.

TÚ, HURACÁN, TÚ CORAZÓN DEL CIELO Y DE LA TIERRA, TÚ DADOR DE NUESTRA GLORIA, Y TÚ TAMBIÉN DADOR DE NUESTROS HIJOS E HIJAS: se refiere al introductor de las normas morales al estilo del

Jesucristo del cristianismo. Probablemente se refiere a uno de los antiguos sabios chamanes originales.

MUEVE HACIA ACÁ TU GLORIA: se refiere al poder que hubo en el Himalaya, que se pide en oración que se restaure durante la generación revelada.

Y DAD QUE VIVAN Y SE CRÍEN MIS HIJOS E HIJAS, Y QUE SE MULTIPLIQUEN Y AUMENTEN TUS SUS-TENTADOS Y ALIMENTADOS: se refiere a la petición por que la generación revelada aumente en número.

Y LOS QUE TE INVOQUEN EN EL CAMINO, EN LOS RÍOS Y EN LAS BARRANCAS, DEBAJO DE LOS ÁR-BOLES Y MECATES: se refiere a las ceremonias y sesiones de estudio de estas revelaciones, las cuales nos ordena mi Carmencita que —en lo posible— se realicen al aire libre, en parajes que correspondan a un remanso de un río, o en la seguridad del fondo de una barranca poco accesible, o a la sombra de varios árboles de mucha fronda de los cuales bajen bejucos como señal de su fuerza y sanidad vegetal.

Y QUE NO ENCUENTREN ALGUNA DESGRACIA E INFORTUNIO, Y NO SEAN ENGAÑADOS, NO TRO-PIECEN NI CAIGAN, NI FORNIQUEN Y SEAN JUZ-GADOS EN TRIBUNAL ALGUNO, NO CAIGAN EN EL LADO ALTO O BAJO DEL CAMINO, NI HAYA AL-GÚN GOLPE EN SU PRESENCIA: se refiere a «las bien-aventuranzas» invocadas a favor de la generación revelada.

En detalle: que no encuentren alguna desgracia o infortu-nio (la protección espiritual en cuanto practiquen el estado de trance o de éxtasis).

*Y NO SEAN ENGAÑADOS, NO TROPIECEN NI CAI-
GAN:* que la protección del Señor HURACÁN se extien-
da a las experiencias mal interpretadas durante el estado de
trance o de éxtasis.

*NI FORNIQUEN Y SEAN JUZGADOS EN TRIBUNAL
ALGUNO:* que la generación revelada se caracterice por
practicar la monogamia.

*NO CAIGAN EN EL LADO ALTO O BAJO DEL CA-
MINO:* que en la articulación de sus acciones —la vida—,
como miembros de esta generación revelada, no sucumban
frente a la maldad humana ni por causa de sus pasiones
personales.

NI HAYA ALGÚN GOLPE EN SU PRESENCIA: que no
sean testigos de actos de violencia.

Segunda parte de la Oración de la los Nuevos Sabios

*PONEDLOS EN BUEN CAMINO Y HERMOSO; NO
TENGAN INFORTUNIO NI DESGRACIA DE TUS
CABELLOS:* se refiere a la petición a favor de la generación revelada para que todas sus acciones terminen siendo
aceptadas.

El significado de la hermosura del camino, y que la dignidad de estas acciones realizadas por la generación revelada
sean tenidas por los demás como un valor agregado a la
magnificencia del Señor HURACÁN.

*¡OJALÁ SEAN BUENAS SUS COSTUMBRES DE TUS
SUSTENTADOS Y ALIMENTADOS EN TU PRESEN-
CIA!:* se refiere a los pacientes y adeptos que se unan a la

generación revelada para que logren llegar a ser respetuosos y tolerantes entre sí y con los demás, como forma consciente de agradar al Señor HURACÁN.

TÚ, CORAZÓN DEL CIELO, TÚ CORAZÓN DE LA TIERRA, TÚ ENVOLTORIO DE GLORIA: se refiere a las facetas del Señor HURACÁN como CORAZÓN DEL CIELO = Señor en el plano espiritual y guardián de quienes entran en estado de trance o de éxtasis para fines terapéuticos a favor de terceras personas.

Como *SEÑOR DE LA TIERRA:* como guardián del plano de la vida frente a la generación revelada.

Como *ENVOLTORIO DE GLORIA:* como guardián de estas revelaciones que contienen la interpretación del PO-POL VUH.

LA GLORIA: el POPOL VUH.

TÚ, TOHIL, AVILIX Y HACABITZ (la trinidad de potestades espirituales que son guardianes de las actuaciones de la generación revelada):

- TOHIL = para las acciones terapéuticas,

- AVILIX = para las acciones de liderazgo político, empresarial y gremial y asociativo, y

- HACABITZ = para las acciones económicas y profesionales/laborales.

VIENTRE DEL CIELO, VIENTRE DE LA TIERRA Y CUATRO ESQUINAS: se refiere a las condiciones, formatos y materias que componen el plano espiritual, el plano de la vida y la eternidad —cuatro esquemas—.

¡SOLO HAYA PAZ EN TU PRESENCIA, *TÚ, ÍDOLO!*: significa la petición por que a la generación revelada la rodee en todo un ambiente de relajamiento y de confianza en cuanto se manifieste el acompañamiento del Señor HURACÁN.

Las revelaciones contienen la interpretación del POPOL VUH, con sus detalles, que se habían mantenido secretos hasta que llegara esta plenitud de la **edad madura,** constituida por esta generación revelada, que adquiere la tarea de proteger la interpretación, el contenido del POPOL VUH y de las potencias del plano espiritual y de la vida).

CAPÍTULO 50 Y FINAL

Y estas fueron las generaciones y descendencia del reino y esclarecimiento de BALAM- QUITZÉ,

BALAM- ACAB,

MAHUCUTAH

y YQUIBALAM,

nuestros primeros abuelos y padres, cuando amaneció el sol, luna y estrellas, y aquí daremos principio a la descendencia de todos los reyes y Señores, como fueron entrando y sucediéndose.

Conforme fueron muriendo y entrando cada una de las generaciones de los Señores y viejos Señores, de los CALPULES todos;

y aquí se contará de cada uno de por sí, cada uno de los Señores del QUICHÉ.

BALAM-QUITZÉ, el primero y tronco de los de CAVIQUIB,

COCAVIB, segunda generación de BALAM- QUITZÉ,

BALAM-CONACHÉ, la tercera generación,

COTUHA-ZTAYUB, cuarta generación,

CUCUMATZ- COTUHA, el primero de los portentosos, quinta generación,

TEPEPUL-ZTAYUL, sexta generación,

QUICAB-CAVIZIMAH, séptima generación, que también fue portentoso,

TEPEPUL-ZTAYUL, octava generación,

TECUM-TEPELUL, nona generación,

VANXAQUI-CAAM y QUICAB, décima generación de los reyes,

VUCUB-NOH y CUVATEPECH, décima primera generación de los reyes,

OXIBQUEH-BELEHEB-QUIH, décima segunda generación de los reyes,

y estos reinaban cuando vino Alvarado, y fueron ahorcados por los españoles.

TECUM-TEPELUL, *que tributaron a los españoles;*

y estos fueron la décimo tercera generación de los reyes.

DON JULIO DE ROJAS y DON JULIO CORTÉS, la décimo cuarta generación de los reyes, y fueron hijos de TECUM-TEPELUL.

Y estas son las generaciones del reino de los reyes de trono y casa de los de CAVIQUIB-QUICHÉES;

y ahora diremos de los CHINAMITALES.

Y estas son las casas grandes de cada uno de los Señores y Principales que fueron nombrados:

Nueve CHUNAMITALES de CAVIQUIB,

Y nueve casas grandes, y este es el nombre de cada uno de los Señores de las casas grandes:

AHAN-AHPOP, Señor de una Casa Grande que se llamaba CUHA.

AHAN-AHPOP-CAMHA, y su casa se llamaba QUIQUINA-HA.

NIMCHOCOH-CANEC, una casa grande.

AHAN-ATOHIL, Señor de una casa grande.

AHAN-CUCUMATZ, Señor de una casa grande.

POPOLVINAC-CHITUY, Señor de una casa grande.

COLMET- QUENAY, Señor de una casa grande.

POPOLVINAC-PAHOM-TZALATZ-XEUXEBA, Señor de una casa grande.

TEPEU-YAQUI, Señor de una casa grande.

Y estos son los nueve CHINAMITALES DE CAVIQUIB y tenían muchos vasallos a su cuenta.

Y aquí se ponen los de NIHAIBAB, que tenían nueve casas; primero diremos la descendencia del reino que fue uno el tronco, antes que hubiese luz y sol:

BALAM-ACAB, el primer abuelo y padre.

COACUL-COACUTAC, segunda generación.

COCHAHUH-COTZIBAHA, tercera generación.

BELEHEB-QUICH, la cuarta generación.

COTUHA, la quinta generación.

BATZA, la sexta generación.

ZTAYUL, la séptima generación de reyes.

COTUHA, la octava generación de reyes.

BELEL-QUIH, la novena generación.

QUEMA, la décima generación.

AHAM-COTUHA, la primero décima generación.

DON CRISTÓBAL se llamó el que reinó en tiempo de los españoles.

Don Pedro de Robles, es el que reina ahora.

Y estos fueron todos los reyes que descendieron de aquel rey ZALEL;

y ahora diremos el Señor de cada una de las grandes casas:

Ahan-Zalel, el primer Señor de los de Nihaiban, Señor de una casa grande.

AHAN- AHIZIC-VINAC, Señor de una casa grande.

AHAN- ZALEL-CAMHA, Señor de una casa grande.

NIMA-CAMHA, Señor de una casa grande.

VCHUCH-CAMHA, Señor de una casa grande.

NIMA-CAMHA, Señor de una casa grande.

NIMCHOCOH-NIHAIBAB, Señor de una casa grande.

AHAN-AVILIX, Señor de una casa grande.

Y estas son las casas grandes de los de NIHAIBAB, y así se llamaron los nueve CHINAMITALES DE NIHAIBAB y tenía muchos CHINAMITALES cada uno de los Señores, de que primero dijimos sus nombres.

Y esta es la descendencia de los de AHAN-QUICHÉ su primer abuelo y padre:

MAHUCUTAH, el primer hombre.

COHAN, de la segunda generación.

CAZLACAM, de la 3ª generación.

COCOZOM, de la 4ª generación.

COMAHCUN, de la 5ª generación.

VACUB-AH, de la 6ª generación.

COCAMEL, de la 7ª generación.

COYABACOH, de la 8ª generación.

VINAC- BAM, de la 9ª generación.

Y estos fueron los reyes de los de HANAN-QUICHÉ y sus descendencias,

y estos son los nombres de los Señores de las grandes casas, que solo son cuatro:

AHTZIC-VINAC, el nombre del primer Señor de una grande casa.

COLMET-AHAN, el segundo Señor de una casa grande.

NIMCHOCOH, el tercero Señor de una casa grande.

HACABITZ, el cuarto Señor de una casa grande, que eran solo cuatro casas grandes de los de HANAN-QUICHÉ.

Y estos eran los tres grandes convites, que eran como padres por todos los Señores del QUICHÉ, y todos se juntaban en uno de los tres convites, que eran los que todo lo mandaban y disponían, pequeño y grande,

LAS TRES JUNTAS O CONVITES.

GRANDE JUNTA Y CONVITE de los de CAVIQUIB,

y el segundo de los de NIHAIBAB,

y tercero de los de AHAN-QUICHÉ;

cada uno de estos tres en su CHINAMITAL.

Y es todo lo del QUICHÉ, porque ya no hay donde leerlo:

y antiguamente lo había, pero se ha perdido,

y aquí se acabó todo lo tocante al QUICHÉ, que ahora se llama SANTA CRUZ.

QUINCUAGÉSIMA REVELACIÓN
(Y FINAL)

Por tratarse aquí del cierre de las revelaciones de mi Carmencita, cumplo con sus recomendaciones para concluir esta entrega gratuita y amorosa repitiendo a ustedes con fidelidad lo encomendado por ella.

Estas revelaciones tienen diferentes fuentes:

1ª.- Lo aprendido durante su formación maya, como primogénita de la principal de la casa grande de los nonualcos, visitando durante sus primeros nueve años de vida al chamán en el volcán de Chinchontepec, el cual en su totalidad es el **templo del ídolo,** aunque toda la zona de los dos picachos se considera «el lugar alto = altar».

2ª.- Los sueños de revelación con mensajes puntuales.

3ª.- Los estados de éxtasis por medio de la meditación profunda y la adoración de hasta tres días de duración.

Mi Carmencita perdió a su madre siendo una niña de solo nueve años de edad, en 1932.

Su asignación como principal —por ser primogénita en esta línea sucesora matrilineal— recayó tutorialmente en el chamán hasta que mi Carmencita llegara a la edad de trece años cumplidos.

Debido a su adopción por parte de la familia paterna —de origen español— tuvo que asumir ambos roles de forma sincrética hasta mi nacimiento (vida indígena y vida española).

Debido a mi sexo masculino se interrumpió la principalidad, la cual se basa en una línea sucesora matrilineal, pasando la principalidad a su tía materna.

Mi Carmencita se mantuvo leal y sumisa al POPOL VUH hasta su avanzada edad, y cuando yo fui niño me hizo acompañarla a todas las ceremonias secretas hasta que llegué a la edad de mis dieciocho años cumplidos, que es el tope para quienes no son hijos de padre y madre nonualcos.

Ella cumplió noventa y tres años de edad, y hasta entonces no cesó de trasladarme estas revelaciones, redondeadas con sus explicaciones, aclaraciones y ampliaciones.

En este capítulo 50 y final se describen las casas grandes que guardaron estos conocimientos para esconderlos de los europeos.

Mi Carmencita recibió por revelación el mandato de darlos a conocer por mi mano cuando ella falleciera, con la intención de salvar del olvido la interpretación del POPOL VUH.

Si el título español de «don» proviene de «de origen noble», entonces mi Carmencita nos explica que desde que conocemos esta interpretación revelada del POPOL VUH es que comenzamos cada uno de nosotros nuestra propia casa grande.

En el caso que nazca en nuestra voluntad el profundo sentimiento de guardar activamente esta interpretación revelada, podemos juntarnos en nuestros propios chinamitales.

Los que residamos en el actual territorio de Guatemala responderemos a **los nueve chinamitales de CAVIQUIB.**

Los que residamos en el actual territorio de Honduras responderemos a los **nueve chinamitales de NIHAIBAB.**

Los que residamos en el actual territorio de El Salvador responderemos a las **grandes casas de los de AHAN-QUICHÉ.**

Rotativamente tendrán la **principalía de los tres territorios en períodos trianuales** bajo la designación de **convites o juntas,** para articular y mandar y decidir todo en común.

Palabras finales en mi papel de mediador

Plúgale a las potencias de los cuatro rumbos de la vida darle buena estrella a todos los afanes de la generación revelada y esclarecida.

Me separo de toda expectativa de las decisiones que faltan, y me declaro al servicio de todas las consultas que surjan con quienes asuman estas decisiones y las decidan.

Digo: bien a favor de todos ustedes = bien decir = bendecir.

José Napoleón, hijo de mi Carmencita

Manuscrito terminado de redactar en mayo de 2021, en Hamburgo, Alemania, cuando camino sobre setenta y cinco años de existencia orgánica.

Ahora mi Carmencita y yo ya podemos descansar en paz.

9 788468 561417